Bernd Ritschel
Franziska Horn

MAGISCHE MOMENTE ÜBER DEM ÖTZTAL

Traumziele für das Bergjahr

Tyrolia-Verlag · Innsbruck-Wien

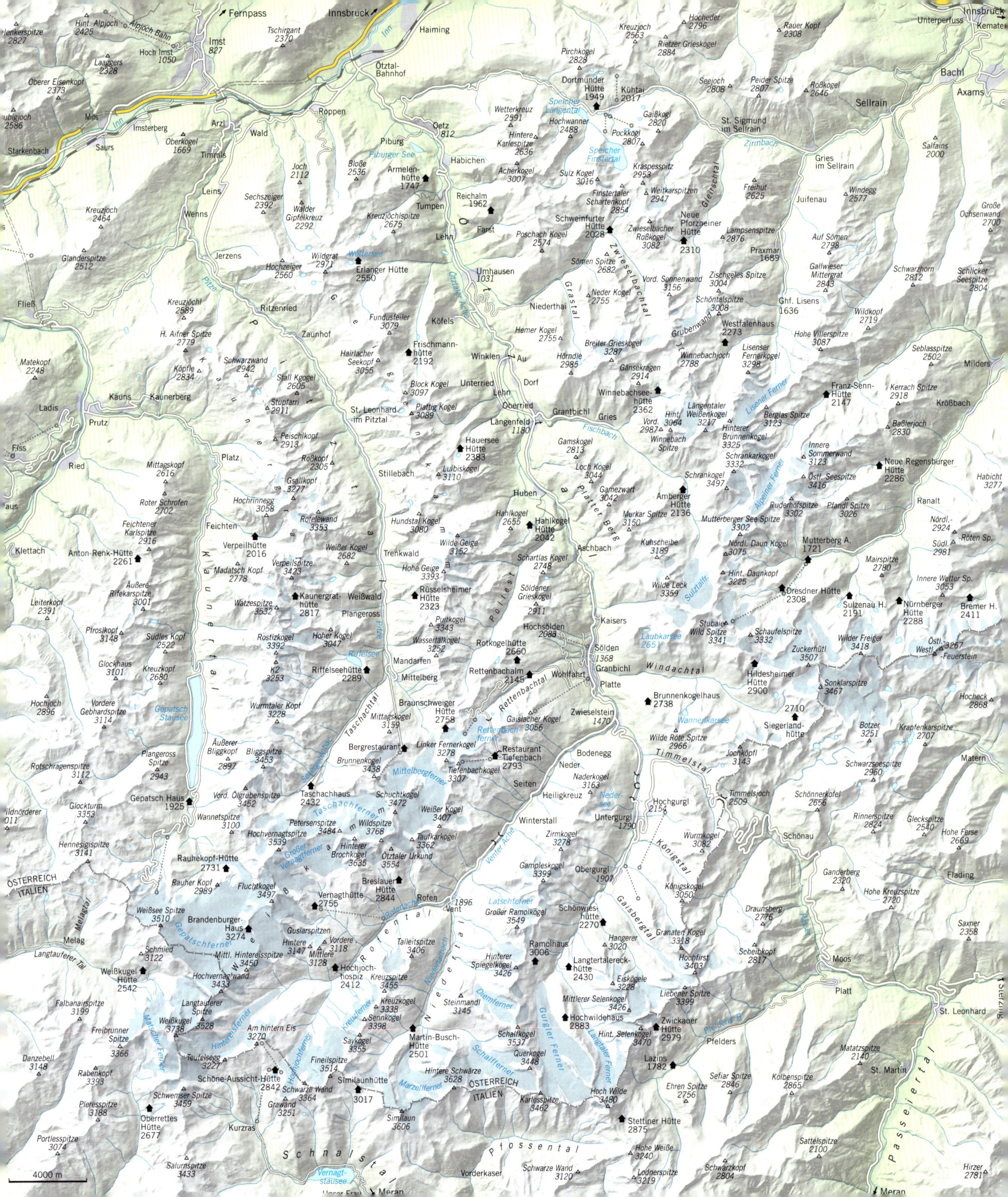

Fernpass
Innsbruck
Innsbruck
Hint. Alpjoch 2425
Alpjoch Bahn
Imst 827
Tschirgant 2370
Haiming
Kreuzjoch 2563
Hocheder 2796
Rauer Kopf 2308
Unterperfuss
Kematen
Hoch Imst 1050
Laaggers 2328
Ötztal-Bahnhof
Pirchkogel 2828
Rietzer Grieskogel 2884
Oberer Eisenkopf 2373
Dortmunder Hütte 1949
Kühtai 2017
Seejoch 2808
Peider Spitze 2807
Roßkogel 2646
Bachl
Axams
Sellrain
Speicher Längental
Roppen
Wetterkreuz 2591
Hochwanner 2488
Gaißkogel 2820
St. Sigmund im Sellrain
Mils
Imsterberg
Arzl
Wald
Oetz 812
Pockkogel 2807
Starkenbach
Saurs
Oberkogel 1669
Timmls
Piburg
Piburger See
Hintere Karlespitze 2636
Speicher Finstertal
Zirmbach
Salfains 2000
Gries im Sellrain
Habichen
Joch 2112
Bloße 2536
Armelen-hütte 1747
Acherkogel 3007
Sulz Kogel 3016
Kraspesspitze 2953
Leins
Sechszeiger 2392
Reichalm 1962
Tumpen
Finstertaler Schartenkopf 2854
Weitkarspitzen 2947
Freihut 2625
Juifenau
Windegg 2577
Wenns
Walder Gipfelkreuz 2292
Kreuzjöchlspitze 2675
Farst
Schweinfurter Hütte 2028
Neue Pforzheimer Hütte 2310
Lampsenspitze 2876
Große Ochsenwand 2700
Kreuzjoch 2464
Lehn
Poschach Kogel 2574
Zwieselbacher Roßkogel 3082
Auf Sömen 2798
Glanderspitze 2512
Jerzens
Wildgrat 2971
Wettersee
Erlanger Hütte 2550
Umhausen 1031
Sömen Spitze 2682
Praxmar 1689
Gallwieser Mittergrat 2843
Schwarzhorn 2812
Schlicker Seespitze 2804
Hochzeiger 2560
Ötztaler Ache
Vord. Sonnenwand 3156
Zischgeles Spitze 3004
Fließ
Ritzenried
Kreuzjöchl 2589
Fundusfeiler 3079
Niederthai
Neder Kogel 2755
Schöntalspitze 3008
Ghf. Lisens 1636
Wildkopf 2719
Zaunhof
Köfels
Grastal
Zwieselbachtal
Gleirschtal
H. Aifner Spitze 2779
Frischmann-hütte 2192
Hemer Kogel 2755
Grubenwand
Westfalenhaus 2273
Hohe Villerspitze 3087
Seblasspitze 2502
Matekopf 2248
Hairlacher Seekopf 3055
Winklen
Au
Breiter Grieskogel 3287
Winnebachjoch 2788
Lisenser Fernerkogel 3298
Milders
Schwarzwand 2942
Köpfle 2834
Hörndle 2985
Gänsekragen 2914
Franz-Senn-Hütte 2147
Kerrach Spitze 2918
Stall Kogel 2605
Block Kogel 3097
Unterried
Dorf
Winnebachsee-hütte 2362
Kaunerberg
Kauns
Stupfarri 2911
Lehn
Oberried
Grantbichl
Gries
Hint. 3064
Längentaler Weißenkogel 3217
Lisener Ferner
Bergias Spitze 3123
Krößbach
Ladis
St. Leonhard im Pitztal
Plattig Kogel 3089
Längenfeld 1180
Fischbach
Vord. 2987
Winnebach Spitze
Hinterer Brunnenkogel 3325
Baßlerjoch 2830
Prutz
Peischlkopf 2913
Hauersee Hütte 2383
Gamskogel 2813
Schrankarkogel 3332
Innere Sommerwand 3123
Neue Regensburger Hütte 2286
Fiss
Platz
Roßkopf 2305
Loch Kogel 3044
Ried
Mittagskopf 2616
Gsallkopf 3277
Stillebach
Luibiskogel 3110
Schrankogel 3497
Östl. Seespitze 3416
Habicht 3277
Gamezwart 3042
Amberger Hütte 2136
Alpeiner Ferner
Roter Schrofen 2702
Hochrinnegg 3058
Huben
Murkar Spitze 3150
Ruderhofspitze 3302
Pfandl Spitze 3026
Ranalt
Platter Berg
Feichtener Karlspitze 2916
Feichten
Rofelewand 3353
Hundstal Kogel 3080
Hahlkogel 2655
Hahlkogel Hütte 2042
Mutterberger See Spitze 3302
Nördl. 2924
Röten Sp.
Südl. 2981
Klettach
Verpeilhütte 2016
Weißer Kogel 2682
Wilde Geige 3152
Aschbach
Kuhscheibe 3189
Nördl. Daun Kogel 3075
Mutterberg A. 1721
Anton-Renk-Hütte 2261
Madatsch Kopf 2778
Verpeilspitze 3423
Trenkwald
Hohe Geige 3393
Schartlas Kogel 2748
Wilde Leck 3359
Sulztalf.
Hint. Daunkopf 3225
Mairspitze 2780
Äußere Rifekarspitze 3001
Kaunergrat-hütte 2817
Weißwald
Rüsselsheimer Hütte 2323
Söldener Grieskogel 2911
Dresdner Hütte 2308
Innere Wetter Sp. 3053
Leiterkopf 2391
Watzespitze 3532
Plangeross
Pollestal
Hochsölden 2083
Kaisers
Sulzenau H. 2191
Nürnberger Hütte 2288
Bremer H. 2411
Pfroslkopf 3148
Südles Kopf 2522
Hoher Kogel 3047
Puitkogel 3343
Laubkarsee 2651
Stubaier Wild Spitze 3341
Schaufelspitze 3332
Wilder Freiger 3418
Östl. 3267
Westl.
Feuerstein
Rostizkogel 3392
Pitze
Wassertalkogel 3252
Rotkogelhütte 2660
Sölden 1368
Zuckerhütl 3507
Glockhaus 3101
Kreuzkopf 2680
Riffelsee
Mandarfen
Granbichl
Windachtal
K2 3253
Riffelseehütte 2289
Mittelberg
Rettenbachalm 2145
Wohlfahrt
Platte
Hildesheimer Hütte 2900
Sonklarspitze 3467
Hocheck 2868
Hochjoch 2896
Vordere Gebhardspitze 3114
Gepatsch Stausee
Wurmtaler Kopf 3228
Taschachtal
Braunschweiger Hütte 2758
Rettenbachtal
Brunnenkogelhaus 2738
Mittagskogel 3159
Gaislacher Kogel 3056
Zwieselstein 1470
2710
Siegerland-hütte
Wannenkarsee
Botzer 3251
Krapfenkarspitze 2707
Rettenbach Ferner
Wilde Röte Spitze 2966
Plangeross Spitze 2943
Äußerer Bliggkopf 2897
Bliggspitze 3453
Bergrestaurant
Linker Fernerkogel 3278
Restaurant Tiefenbach 2793
Bodenegg
Jochköpfl 3143
Timmelstal
Matern
Rotschragenspitze 3112
Brunnenkogel 3438
Mittelbergferner
Tiefenbachkogel 3307
Neder
Naderkogel 3163
Schwarzseespitze 2960
Seiten
Gepatsch Haus 1925
Taschachhaus 2432
Vord. Ölgrubenspitze 3452
Schuchtkogel 3472
Heiligkreuz
Nedersee
Hochgurgl 2154
Timmelsjoch 2509
Schönnerkofel 2656
Glockturm 3353
Taschachferner
Weißer Kogel 3407
Untergurgl 1790
Wannetspitze 3100
Petersenspitze 3484
Wildspitze 3768
Winterstall
Rinnerspitze 2824
Gleckspitze 2540
Hochvernagtspitze 3539
Hinterer Brochkogel 3635
Taufkarkogel 3362
Zirmkogel 3278
Wurmkogel 3082
Hohe Ferse 2669
Hennesigelspitze 3141
Venter Ache
Schönau
Großer Vernagtferner
Ötztaler Urkund 3554
Königstal
Rauhekopf-Hütte 2731
Gampleskogel 3399
Obergurgl 1907
Fluchtkogel 3497
Breslauer Hütte 2844
Königskogel 3050
Ganderberg 2320
Flading
ÖSTERREICH
ITALIEN
Rauher Kopf 2989
Vernagthütte 2755
Rofen
1896
Vent
Latschferner
Hohe Kreuzspitze 2720
Weißsee Spitze 3510
Brandenburger-Haus 3274
Großer Ramolkogel 3549
Schönwies-hütte 2270
Draunsberg 2776
Gaisbergtal
Saxner 2358
Melagtal
Gepatschferner
Guslarspitzen
Rofenache
Talleitspitze 3406
Hangerer 3020
Granaten Kogel 3318
Scheibkopf 2817
Moos
Melag
Schmied 3122
Hintere 3147
Vordere 3118
Mittlere 3128
Ramolhaus 3006
Hochfirst 3403
Langtauferer Tal
Mittl. Hinteresspitze 3450
Rofental
Niedertal
Langtalereck-hütte 2430
Platt
Weißkugel Hütte 2542
Hochjoch-hospiz 2412
Hinterer Spiegelkogel 3426
Eiskögele 3228
Hochvernagtwand 3433
Kreuzspitze 3455
Liebener Spitze 3399
Falbanairspitze 3199
Langtauferer Spitze 3528
Kreuzkogel 3338
Steinmandl 3145
Diemferner
Mittlerer Seelenkogel 3426
St. Leonhard
Weißkugel 3738
Sennkogel 3398
Kreuzferner
Hochwildehaus 2883
Zwickauer Hütte 2979
Freibrunner Spitze 3366
Am hintern Eis 3270
Martin-Busch-Hütte 2501
Gurgler Ferner
Langtaler Ferner
Hint. Seelenkogel 3470
Pfelderer Tal
Hintereisferner
Saykogel 3355
Schalfkogel 3537
Pfelders
Matatzspitze 2140
Matscher Ferner
Querkogel 3448
Danzebell 3148
Teufelsegg 3227
Hochjochferner
Fineilspitze 3514
Schalfferner
Lazins 1782
St. Martin
Rabenkopf 3393
Schöne-Aussicht-Hütte 2842
Hintere Schwärze 3628
Sefiar Spitze 2846
Kolbenspitze 2865
Similaunhütte 3017
Marzellferner
ÖSTERREICH
ITALIEN
Ehren Spitze 2756
Schwarze Wand 3364
Hoch Wilde 3480
Plerresspitze 3188
Schwemser Spitze 3459
Grawand 3251
Karlesspitze 3462
Oberrettes Hütte 2677
Similaun 3606
Stettiner Hütte 2875
Kurzras
Passeiertal
Portlesspitze 3074
Schnalstal
Pfossental
Hohe Weiße 3240
Sattelspitze 2100
Salurnspitze 3433
Vorderkaser
Schwarze Wand 3120
Lodnerspitze 3219
Schwarzkopf 2804
Hirzer 2781
4000 m
Vernagt-stausee
Meran
Meran

INHALT

Seite 6/7: Über dem Schalfferner treffen die ersten Sonnenstrahlen auf die Hintere Schwärze. Im Hintergrund sind Königsspitze, Gran Zebru und Ortler zu erkennen.

Seite 8/9: Nebel und Wolken einer abziehenden Schlechtwetterfront ziehen über das Timmelsjoch.

Seite 10/11: Stille ist eingekehrt am herbstlichen Ufer des Piburger Sees.

Winterabend am Similaun, mit Blick auf Marzellspitze und Hintere Schwärze

Erstes Licht über Samoarsee und Ramolkamm

MOMENTE MIT MAGIE

*Kontraste und Extreme mit Tiefblick, sogar Tiefsinn:
Wohl kein Alpental erlaubt eine solche Menge intensiver Aus-, An- und Einsichten wie das Ötztal. Gletscher, Täler, Menschen und sogar der „Mann aus dem Eis" erzählen von einer vielschichtigen Vergangenheit, einer reichen Gegenwart – und hoffnungsvollen Ausblicken in die Zukunft.*

Das Ötztal ist ein Tal der Kontraste. Vielleicht auch der Extreme? Ob tief unten in felsigen Schluchten oder ganz hoch droben – wie ein Entdecker, wie ein König, so mag sich jeder fühlen, der vom Gipfel eines der rund 250 Dreitausender des Tals eine neue Perspektive auf die Naturwunder des Ötztals erschaut. Wer zudem auf die Geschichte des Tals blickt, staunt noch mehr. Denn sie ist einzigartig. Hielten wir Menschen des dritten Jahrtausends uns bisher für die Krone der Schöpfung dank technischer Errungenschaften und moderner Hochkultur, müssen wir uns angesichts der Gletscherleiche vom Hauslabjoch, dem berühmtesten Ötztaler überhaupt, eingestehen, dass wir noch viel dazulernen müssen. Und dass wir Wissen und Fähigkeiten des frühen „homo alpinus" weit unterschätzt haben.

Ötzi und seine Mitmenschen lebten vor rund 5200 Jahren. Das heißt: noch vor Entstehung der ägyptischen Pyramiden vor 4500 Jahren. Wie diese zieht das Tal Millionen Touristen in den Bann – nach Wien verzeichnet das Ötztal die meisten Nächtigungen Österreichs. Den rund fünfstündigen Anstieg von Vent zum Hauslabjoch, Fundstelle des „Eismanns", nimmt dabei sicher nur ein Bruchteil der Besucher auf sich. Seit damals prägen Sagen und Mythen das Tal, von Feyen und Saligen, edlen Fräulein, die – ähnlich Göttern – über Natur, Tier und Menschen herrschen. Diese Sagen erzählen von verborgenen Städten, „wilden Mandln" und sogar vom verschwundenen Jäger im „Hinteren Eis". Sollte sich das Verschwinden des Ötzi seit damals im kollektiven Gedächtnis gehalten und über Jahrtausende mündlich überliefert haben?

Früheste menschliche Spuren im Ötztal verweisen auf eine 10.000-jährige Geschichte. Damit besitzt das Alpental einen unglaublichen Fundus an Geschichten und Geschichte, die sich zwischen Fundusfeiler, Wildspitze und Similaun zugetragen haben. Diese Geschichte steht als Beispiel für die Historie des gesamten Alpenraums und sie ist mit dem Werdegang des Alpinismus bis hin zur Entstehung des Alpenvereins eng verbunden.

Über dem Zwieselbacher Rosskogel bricht die Sonne durch.

WEGBEREITER IM DOPPELTEN SINN

Es muss eine wilde Welt gewesen sein, damals, als die Höhen und Tiefen des Tals noch nicht kartografiert, die Berge noch nicht fotografiert waren – und die Gletscher noch nicht am Tropf hingen, um das drastische Bild zu gebrauchen. Heute tropfen, schmelzen, strömen sie dahin. Doch große Teile dieser Wildnis sind bis heute zu finden und zu spüren. Sie wurde Stück für Stück „erobert": Mit den Brüdern Adolph und Hermann Schlagintweit, mit „Gletscherpfarrer Senn" und seinem Bergführerfreund Cyprian Granbichler bis hin zu modernen Kletterkoryphäen wie Reinhard Schiestl oder Hansjörg Auer machte und macht das Ötztal Geschichte. Dabei war es Senn, der dem bitterarmen Tal eine neue Perspektive gab. Mitte des 19. Jahrhunderts brachte er dem städtischen Bürgertum in München und Wien die Vorzüge der Ötztaler Bergwelt nahe und verschaffte damit der Bevölkerung im Tal eine neue Lebensgrundlage. Er gilt dabei als „Weg"-Bereiter im doppelten Sinne: Er ließ Pfade anlegen, Hütten bauen und warb in Deutschland Sommerfrischler an. Von da an ging es – wie bei einer Bergtour – kontinuierlich aufwärts. Heute ist der Tourismus größter Arbeitgeber im Tal.

Zur Zeit der Ötztaler Volkszählung von 1900 lebten 6282 Einwohner im Tal. Ein historischer Tiefstand, denn in den Jahrzehnten zuvor hatte die Bevölkerung ständig abgenommen. Seit 1900 ist sie kontinuierlich im Wachsen, hat sich im Laufe eines Jahrhunderts verdoppelt: Bei der Volkszählung 1991 lebten rund 12.000 Menschen im Tal. Längenfeld verdreifachte seine Einwohnerzahl seit 1900 von 1262 auf 3500 Menschen. Und: Die ganze Welt kommt hierher ins Ötztal.

Um 1930 zählte Sölden jährlich 88.000 Übernachtungen, davon kamen 90 Prozent im Sommer, heute sind es in manchen Monaten bis zu 480.000 Nächtigungen. Auch das ist ein Extrem. Ein kleines Dorf, letzte Bastion vor dem Alpenhauptkamm, versucht dabei bis heute zu bleiben, was es einmal war: ein Bergsteigerdorf. Denn die Leute dort wissen: Das größte E-Vent in Vent ist immer noch die Natur. Was für die meisten Partien des Tals gilt.

Bis heute strömen die Menschen ins Tal – wegen seiner bahnbrechenden Natur, wegen gewaltiger Berge und der Macht und Magie seiner Gletscher, wegen Naturerlebnissen, die es so dicht und intensiv nur selten gibt. Und diese hochalpine, gewaltige Natur ist es, die die Menschen des Tals prägt. Bis heute. Wer mit ihr lebt und sich immer wieder mit den Naturgewalten arrangieren muss, lernt, sich ständig neu zu definieren. Anzupassen. Zurechtzukommen. Wer hier lebt, muss mental und körperlich belastbar sein. Das hat diesen Menschenschlag geformt und geprägt, seine Identität entwickelt, die sich auch in einer eigenen Sprache ausdrückt. Der Ötztaler Dialekt gehört heute ebenso zum UNESCO-Kulturerbe wie eine der ältesten Traditionen im Tal: die Transhumanz, der alljährliche Schafübertrieb vom Schnals- ins Ötztal. Es ist noch nicht lange her, dass dieses Ziehen mit den Tieren, dieses im Rhythmus der Jahreszeiten zu den Almweiden Gehen, den Alltag der Ötztaler geprägt hat, auch wenn die frühere Hirtenkultur inzwischen dem Tourismus als Haupterwerb gewichen ist.

DAS GEHEIMNIS DES HIMMELS UND DER ERDE

Das Ötztal ist bis heute ein pars pro toto – ein Beispiel, das fürs Ganze steht. Als historisch sowie aktuell bestuntersuchter Gletscher der Alpen liefert zum Beispiel der Vernagtferner Daten, von denen sich Lebenszyklen weiterer Alpengletscher ablesen lassen. Und – am Ende wird hier im Ötztal sogar Zukunft „gemacht“? Wissenschaftliche Experimente, in denen eine künstliche Wolke Schnee auf umweltfreundliche Weise produzieren soll, laufen derzeit und zeigen den Blick nach vorne. Doch macht all das „magische Momente“ aus, so der Titel dieses Buches, also jenes Quäntchen, das mit Worten kaum zu fassen ist? Was ist Magie eigentlich? Wussten Sie, dass die Ägypter einen Gott der Magie besaßen? Thot, so heißt er. Magie war das „Geheimnis des Himmels und der Erde“, glaubte man damals. Und wer ein Magier werden wollte, musste erst ein Weiser werden und sich mit den alten Schriften vertraut wissen. Die Vorstellung, dass Zauber im Grunde auf Wissen beruht, sagt viel aus über unsere Vorfahren. Ein bisschen von diesem Wissen soll sich hier wiederfinden. Wer etwas weiß über einen Ort, bei dem entstehen Bilder im Kopf. Deshalb dieses Buch. Bilder, die die fotografischen Impressionen noch verstärken werden. Sie illustrieren die faszinierenden Facetten, die Kraft und die Anziehung, die von diesem Tal ausgeht.

DIE WELT IN DER NUSSSCHALE

Um all die Berge von Eindrücken zu entdecken, die es im Ötztal gibt, sollte man sich Zeit nehmen, sich auf die Vielfalt einlassen. Denn neben Hunderten von Dreitausendern hat es eine Länge von 65 Kilometern, die sich auf fünf Talstufen mit diversen Klimazonen verteilen. Es reicht von 770 Meter Meereshöhe am Taleingang bis zum höchsten Punkt, der Wildspitze mit 3768 Metern. Wenn in Gurgl noch Winter ist, blühen in Haiming die Apfelbäume. Doch mit Zahlen ist das größte Quertal der Alpen nicht zu erfassen. Es ist ein Kosmos, ein Lebensraum für Mensch und Tier, dazu ein Sprach-, Gedanken- und Kulturraum, der von rätoromanischen, alemannischen und bajuwarischen Einflüssen zeugt. Dieses Tal war nie eine Sackgasse, kein toter Blinddarm, sondern vielmehr eine Drehscheibe an der Schnittstelle der Kulturen und Völker. Seine Übergänge und Pässe gehören zu den ältesten des gesamten Alpenraums. Die Vielfalt besteht bis heute: Das Tal der Kontraste vereint Gegensätze von urban bis urig, von horizontal bis hochalpin – und das oft direkt nebeneinander.

Ein Beispiel? Eine Luftlinie von gut 1200 Metern trennt Sölden von der Kleblealm. Doch scheinen beide Standorte aus unterschiedlichen Zeitaltern, wenn nicht verschiedenen Galaxien zu stammen. Die dunkel gegerbten Hütten der Kleblealm ducken sich still und etwas windschief an den Hang, ein Ort von gestern im Heute, ein Ort, der magisch anzieht. Warum eigentlich? Was hat altes Holz an sich? Warum freuen wir uns so über überlieferte, gelebte Traditionen? Aus reiner Nostalgie? Wohl auch. Wir schätzen Altes und Althergebrachtes, weil es Bestand zeigt in einer schnelllebigen Zeit. Weil da etwas ist, das sich bewährt hat, das betrifft sowohl das Material als auch die Lebensform. Weil es etwas gibt, dass sich durchsetzt, auf das Verlass ist. Was Jahrhunderte überstanden hat, in der Gegenwart funktioniert – und hoffentlich auch in Zukunft. Wir wissen längst: Nur wer eine Vergangenheit hat, wer weiß, wo er herkommt, hat eine Identität. Das gilt auch für eine Touristendestination. Identität ist ein hoher Wert in einer globalisierten Welt, in der vieles austauschbar scheint.

Oben auf den Almen des Ötztals bewegt sich bis heute alles im Rhythmus der Natur. Die täglichen Aufgaben stellen sich von selbst – und das beinah rund um die Uhr, nicht nur „from nine to five", wie drunten in der Stadt. Romantisch verklären muss man das Almleben nicht. Trotzdem sind diese uralten Almen des Ötztals magische Plätze und stehen – obwohl weit droben – für etwas sehr Geerdetes. Vielleicht sind es so etwas wie Inseln der Vergangenheit, denn ihr Fortbestand ist gefährdet und vielleicht sind sie bald exotischer als das Hämmern der Disco-Beats in den Musikkellern des Sölder Hexenkessels. Auch eine Art von Rhythmus. Ebenso wie der Minutentakt der Gondelbahnen, der die Menschen sozusagen industriell auf den Berg befördert. Im Ötztal existiert beides beinah hautnah nebeneinander.

Neu ist das Faible für die Ferner dabei ja nicht: Schon im 19. Jahrhundert diente das wilde hintere Tal frühen Alpinisten und Reisenden als Sehnsuchtsort. Mit dem „Berg-Weh" des Flachländers schrieb der deutsche Autor und Ingenieur Max Eyth am 17. Juni 1888 in einem Brief aus Breslau: „Morgen packe auch ich meine sieben Sachen zusammen. In den Bergen, diesmal im Ötztal, wo das höchste Dörfchen Europas liegen soll, hoffe ich, wieder hoffen zu lernen. Es zieht doch alles nach oben, wenn es hier unten zu toll wird."

Inzwischen hat das einst stille Tal längst die Tollheit eingeholt: Mit 2509 Metern ist das Timmelsjoch der höchste befahrbare Alpenübergang Tirols – und für zahllose Motorrad-Cruiser eine Er-Fahrung mit Erlebniswert, buchstäblich: Bis zu 108.000 PKW und 85.000 Motorräder fahren pro Saison durch die alpine Lücke. Wir lernen daraus: Die Zeit der Halbnomaden hat nie aufgehört, ob nun ganze Schafpopulationen übers Hochjoch traben oder Abertausende von Bikern die Reifen am Timmelsjoch zum Glühen bringen.

All diese Kontraste sind spannend. Wer im Spätsommer über die Ötztaler Pässe, Gletscher und Gipfel zieht, sollte darauf gefasst sein, sich nach einem sonnigen Tag plötzlich im tiefsten Winter wiederzufinden, ein halber Meter Neuschnee inklusive. Während nur 400 Meter darunter die Erikafelder um die Wette blühen. All diese Gegensätze machen das Tal aus: Stille und Lärm, Wasser und Fels, Höhen und Tiefen, gestern und heute, alt und neu, ländlich und urban. Urban? Aber ja. Im rundum glänzenden Glaskubus des „IceQ"-Bergrestaurants oben am Rettenbachferner spiegeln sich mitunter nicht nur die weißen Flanken benachbarter Gipfelriesen, sondern – neuester Coup – auch der Geheimagent Ihrer Majestät: Im Januar 2015 drehte hier „James Bond" himself für eine neue Ausgabe der spektakulären Spion-Serie. Den Bergen ist das alles wurscht. Sie haben schon so viele und so vieles kommen und gehen sehen. Und sind immer noch da. Das ist Teil ihrer Faszination.

Seite 18/19: Sommerliche Schmelzwasser haben am Gletschertor des Hochjochferners einen riesigen Eistunnel geschaffen.

Seite 20/21: Ohrenbetäubend laut und mächtig schießt der Stuibenfall in den Talkessel.

Wasser und Kälte haben diesen Eisblock im Vernagtferner zu einer Skulptur modelliert.

Am Lehner Wasserfall erahnen die Klettersteiggeher die wahre Kraft der Elemente.

DER WEG DES WASSERS

„Alles fließt!", sagen die Griechen und meinen damit etwas,
das die Ötztaler längst kennen:
Der ewige Kreislauf des Wassers und der Naturgewalten
prägt ihr Leben seit Menschengedenken.

Wenn im Frühjahr die Firnfelder und Gletscher schmelzen, ist das ein gewaltiges Schauspiel der Natur, jedes Jahr aufs Neue. Zu fünft wandern wir entlang der Rofenache den langsam ansteigenden Weg in Richtung Hochjochhospiz hinauf. Er zieht sich längs durch das schmale Rofental, bis uns schließlich ein wilder Abfluss des Vernagtgletschers den Weg versperrt: In gestuften Kaskaden springt er vom Berg herab, bis er auf die Rofenache trifft, wo sich beide Gewässer verbinden und die Gischt bräunlich und schlammig eine schmale Holzbrücke überspült.

Die Gischt schäumt und spritzt wie kochendes Wasser, das Getöse ist ohrenbetäubend. Auch wer den Weg in dieses Hochtal gut kennt, immer wieder hierherkommt, ist gebannt vom ewigen Spiel der Elemente – ist stets aufs Neue fasziniert vom Weg des Wassers, der das gesamte Ötztal prägt.

Hoch oben in der Welt des „ewigen" Eises beginnt der Kreislauf in Form von leisem Schneefall. Sachte, sachte fallen Milliarden von Flocken herab, bilden eine Schneedecke, verdichten sich, gefrieren zu Eis, das schwer immer tiefer absinkt über Jahrzehnte, manchmal Jahrhunderte, und schließlich als Gletschermasse ins Tal fließt, vom schieren Druck der Masse abwärts getrieben oder von der Schmelzkraft der Sonne verflüssigt. In schmalen Rinnsalen frisst sich das Wasser dann an der Oberfläche übers Eis abwärts, nimmt talwärts den kürzesten Weg, bis sich die Rinnsale zu Strömen bündeln, die sich ins Eis winden. Schließlich erreicht der Gletscherbach das Ende der Zunge, bis er schließlich als Gletschermilch, trüb von zerriebenem Gesteinsschotter, durch loses Gestein dringt und sich zu einem Abfluss in der Talsohle formt, den immer neue Zuläufe der Gletscher anreichern und zu einem Wildbach anschwellen lassen.

Seite 24/25: In einem kleinen See unweit der Ötzi-Fundstelle spiegeln sich die Farben der Morgendämmerung.

Links: Vom Eis des Sulztalferners bis hinunter nach Längenfeld prägt der wild schäumende Fischbach das gesamte Sulztal.

So plätschert das Schmelzwasser des Hintereisferners von der Zunge durch Moränenschotter abwärts, bis es – wie jetzt im Frühjahr – ein Stück weiter hangabwärts zu einer Naturgewalt anwächst. Hier unterhalb des Vernagtgletschers entwickelt es seine volle Kraft. Von diesem Gletscher heißt es, er sei der bestuntersuchte Gletscher des gesamten Alpenbogens. Seit 1601 beobachten und erforschen Wissenschaftler sein Wesen, sein Wachstum und sein Wirken. Wie Profiler – Fallanalytiker der Glaziologie – versuchen sie, aus seinen Bewegungen zu lesen, diesen Gletscher, der wie ein lebendiges Wesen erscheint, sich ständig verändert, anwächst, schrumpft, fließt, schmilzt, strömt und sich verdichtet: In seinen besten Zeiten floss er bis zu 300 Meter im Jahr unter Hochdruck abwärts. Pro Tag also fast einen Meter. Genau hier am Vernagtferner entwickelte der bayerische Geodät Dr. Sebastian Finsterwalder 1897 übrigens seine „Theorie der Gletscherströmung". Bis heute wollen die Eisforscher mit dem Blick zurück auf die Historie des Ferners etwas über seine Zukunft erfahren, und natürlich über unsere Zukunft, über die Gezeiten des Eises, des Klimas, über die hochalpine Natur – über jene Kräfte also, die schlussendlich unsere Welt formen. Nur: Hier oben nehmen wir diese Kräfte noch deutlich wahr, spüren die Elemente – und zwar sehr unmittelbar.

Wenn uns heute schon die Kraft des bloßen Schmelzwassers zum Schweigen bringt, wie erst müssen die kapitalen Gewalten gewirkt haben, die zwischen dem 16. und 19. Jahrhundert hier verheerende Gletscherseeausbrüche verursachten? Damals war es nicht das Schmelzen, sondern das Wachsen der Gletscher, das den Menschen

Sorgen machte. Anders als seine Nachbarn, der Hintereis- und der Kesselwandferner, ist der Vernagtferner ein Firnmuldengletscher. Er ragte einst bis tief ins Rofental hinunter und sperrte mit seiner dicken Zunge – ein gewaltiger Eisriegel – das Tal ab. Dieser Wall wuchs bis zu 100 Meter hoch. Mit extremen Folgen: Oberhalb dieser Sperre stauten sich die Zuflüsse des Hintereisferners im 1300 Meter langen Rofener Eissee, in welchem auf einer Seehöhe von 2350 Metern blanke Eisberge schwammen.

Zuletzt passierte das Mitte des 19. Jahrhunderts – das ist erst 160 Jahre her. Zwar floss das Wasser des Sees meist über die Sperre hinab, manchmal grub es sich jedoch binnen einer Stunde einen Weg unter dem Eis hindurch, sprengte mit seiner massigen Wucht den Damm, so dass sich eine Flutwelle bildete, die sich sogar bis ins rund 70 Kilometer (!) entfernte Inntal ergoss. So geschah es zum Beispiel 1678 und 1680. Auf seinem Weg ins Inntal vernichtete diese Flut die Ernte, deren Ausfall verursachte Hungertote. Die Talbewohner begriffen diese Naturgewalt als Strafe. Also suchte man Schuldige, fand sie in Hexern und Wettermachern, die man kurzerhand hinrichtete.

Heute ist der Gletscher über vier Kilometer vom Rofental entfernt. Damals, in einer chaotischen Umwelt, kämpften die Menschen ums blanke Überleben und darum, die Katastrophen ihres Lebensalltags – Murenabgänge, Lawinen, Überflutungen – zu überstehen. Dieses Leben verlangte den Menschen alles ab, mit hohen Risiken. Damals ging niemand freiwillig zum Zeitvertreib auf die Berge. Niemand suchte den Extra-Kick. So wie wir heute, an diesem Tag im Frühjahr, die planen, von der Vernagthütte auf die Wildspitze zu steigen. Doch die Natur zeigt sich launisch, Nebel verhängt den Blick, Schlechtwetter braut sich zusammen. Spontan peilt unser Wandertrupp den Winterraum der Vernagthütte an, da die Hütte noch geschlossen ist. Vielleicht tut sich am nächsten Tag eine Chance auf?

WENN DAS WICHTIGSTE FEHLT

Günstig am Knotenpunkt diverser Wege gelegen, kann man von der Vernagthütte zur Breslauer Hütte oder zum Brandenburger Haus aufsteigen, hinab zum Hochjochhospiz gelangen und sogar hinüber bis zum Taschachhaus. An drei Seiten umlaufen Balkone die Fronten der Hütte, die heute mit ihren geschlossenen, rot-weißen Fensterläden etwas abweisend wirkt. Einen Steinwurf weiter liegt wie ein schmaler, geschindelter Riegel der Bau des Winterraums. Wir öffnen die Läden, finden holländische Spaghetti im Küchenschrank, dazu Tomatensauce aus der Tüte, hinterlassen von Vorgängern. Doch das Wichtigste fehlt – natürlich hat der Winterraum kein fließendes Wasser. Das heißt: nichts zu trinken, nichts zum Kochen, geschweige denn zum Händewaschen oder Zähneputzen. Wie elementar Wasser ist, merkt man erst in seiner Abwesenheit. Wie in archaischen Zeiten schicken wir die Männer der Gruppe mit leeren Teekesseln und Schüsseln den Hang hinunter, um am nächsten Rinnsal Wasser zu schöpfen. Mehrmals schleppen sie die vollen Kessel herauf. Mit zwei letzten Teebeuteln gießen wir heißes Wasser für unsere fünfköpfige Gruppe auf, für die Nacht, für den nächsten Tag. Währenddessen schneiden wir Mädchen die letzte Minisalami in Scheiben, braten sie aus, das gibt etwas Fett und der Sauce Geschmack.

„Schaut's mal zum Fenster raus!", ruft unser Guide Flori plötzlich. Tatsächlich – nur einen Steinwurf entfernt wieseln unzählige Murmeltiere unterhalb der Mauer der Hütte herum. Wir starren amüsiert durch die Scheiben, das hier ist bestes Almen-TV. Bei Einbruch der Dämmerung zünden wir Kerzen an, das Licht flackert, wir trinken den dünnen Tee im Schein des Feuers – das kostbare Nass! Dann gibt es Pasta, die Nudeln in Gletscherschmelzwasser gekocht, dazu „Salsa con salsiccia". Es schmeckt, das wenige, das wir haben. Aus beinahe nichts etwas zaubern, sich das Essen verdienen, das macht zufrieden wie kaum etwas sonst.

Die Nacht ist etwas stickig. Froh, dass der Tag anbricht, machen wir uns über die Moräne in Richtung Sexegertenspitze auf. Im zerklüfteten Kar des Gletschers hat die Frühjahrssonne schon die Brücken zerschmolzen, die Spalten klaffen, mehrmals suchen wir nach einer Route durch das Gewirr dieses Labyrinths. Doch das Kar ist kaum einsehbar. An einer rund einen Meter breiten Lücke stoppen wir. Wir müssten hinüberspringen, um den Weg fortsetzen zu können, mitsamt Seil und Steigeisen an den Füßen. So viel riskieren, nur um dann vielleicht 150 Meter weiter an der nächsten Spalte doch aufgeben zu müssen? „Deat's amol de Eisenleitern ausm Rucksack", witzelt Flori. Wir beratschlagen, treffen eine Entscheidung: Wir kehren um. Der Gletscher, der Schnee, seine Brücken und Spalten, an diesem Tag zeigt er sich unberechenbar. Unverrichteter Dinge steigen wir über die Moräne bergab. Dafür heil und unversehrt. Der Berg hat Zeit. Wir auch, das ist eine der Lektionen, die man hier oben in den Dreitausendern der Ötztaler lernen kann. Wir kommen wieder.

Zurück in Vent, steigen wir ins Auto. Nicht weit davon eine veritable Schlucht, gegraben von der Venter Ache, die das Dorf in zwei Teile teilt. Die Bergstraße verläuft nordwärts, zieht unter neu

Im Frühling füllen die Schmelzwasser den Soomsee bis zum Rand. Im Hintergrund ragt der Gurgler Kamm mit Granatenkogel und Seelenkögeln auf.

Während sich die Murmeltiere im Sommer auf den von der Sonne aufgeheizten Felsplatten wärmen, fließen gewaltige Wassermassen durch die Ötztaler Ache gen Norden.

gebauten Tunneln dahin, die erst seit kurzem ständigen Zugang zum Dorf garantieren. In langen, vergangenen Wintern war Vent abgeschnitten vom Rest der Welt, in schneereichen Perioden bis zu 50 Tage pro Winter. Vielleicht haben die Venter aufgrund der abgeschiedenen Lage tief hinten im Tal besonders gut gelernt, sich vor allem über sich selbst zu definieren, sich selbst zu genügen? Ähnlich einem gallischen Dorf haben es seine Bewohner abgelehnt, ans Söldener Skigebiet angeschlossen zu werden. Auch Markus und Adolfine Pirpamer, Wirte der Similaunhütte, stimmten heftig dagegen. Schon ihr Urgroßvater war Hüttenwirt, er hat diese Dynastie begründet. Bis heute leben die Pirpamers sechs Monate im Jahr heroben, als „Wärter" zum berühmten Übergang ins Schnalstal, über den das Ötztal ursprünglich besiedelt wurde. Markus und seine Frau haben sich stark gegen die Pläne der Tiroler Wasserkraftwerke TIWAG engagiert, die hier im Rofental 2005 einen Stausee mit einer 190-Meter-Staumauer anlegen wollten. Im „Aktionsbündnis Ötztal" bekämpften die Dorfbewohner massiv die Pläne der TIWAG. Adolfine kennt das Schicksal der Vertriebenen aus Erfahrung, schon einmal hat sie Hof und heimischen Boden verloren, als der Vernagtstausee im Schnalstal den wahrhaft idyllischen Talboden flutete. Sie wollte nicht ein zweites Mal kampflos aufgeben.

Die Kraft des Geldes gegen die Kraft des Wassers und dazu die Überlegung, die Heimat zu verlieren, um daran zu verdienen? Nein. Statt sich dem Geld, dem Profit, der immer fortschreitenden Nutzung der Natur zu verschreiben, entschieden sich die Venter dafür, einen sanften Tourismus zu pflegen, und genau das hat dem kleinen Ort sein unverwechselbares Gesicht verliehen. Trotzdem geht es den Ventern heute nicht schlecht. Denn zahlreiche Stammgäste schätzen genau diese Haltung, sie kommen regelmäßig und aus der ganzen Welt – und bringen Geld mit, gerade weil man hier so bleiben wollte, wie man war.

Ötztal, Tal der Kontraste: Wer eher stille Wasser schätzt, kommt an einer sommerlichen Tour auf die Gurgler Seen nicht vorbei. Von der Johannes-Nepomuk-Kirche quert man die Gurgler Ache, steigt dann eine Stufe von rund 700 Höhenmetern steil hinauf. Von hier zieht sich ein lang gestreckter Balkon über Kilometer nach Norden, ein idyllischer, sonniger Höhenweg über Barsten und alte Hochalmen – natürliche Weideflächen oberhalb der Waldgrenze, die schon seit rund 6500 (!) Jahren genutzt werden. Vorbei an Wacholder, Almrausch, Erika, Thymian, Schusternagel und Glockenblumen steigt der Wanderer den ostseitigen Hang hinauf, der schon frühmorgens voll im Licht liegt – diese Route verspricht Sonne satt, einen ganzen Tag lang. Oben auf der Anhöhe zieht der Weg dann schnurstracks nach Norden, läuft, in etwa auf gleicher Höhe von rund 2500 Metern bleibend, dahin in Richtung Talausgang. Als Erstes liegt abgeschieden und rund wie ein Suppenteller der Soomsee im Gelände. Ab und zu klingt entferntes Glockenläuten von ein paar versprengten Schafen herüber. Welch Paradeplatz, welch Panorama!

AM WASSER SEIN. UND SONST NICHTS

Aus den steinigen Karen oberhalb ertönen Murmeltierpfiffe, darunter mischt sich das Mähen von Schafen, die das Berggras abweiden. Ein leichter Wind kräuselt die Oberfläche des Sees. Pause machen! Es muss am Wasser liegen – das einfach nur daliegt, tief in sich ruht, dessen Farben alle Blicke auf sich ziehen, so dass man einfach nur immer weiter hineinstarren möchte. Ein Bild der Ruhe und des Friedens. Hinter dem Soomsee wartet der Itlsee und obendrein der Nedersee mit seinen flachen Ufern. Der Pfad zieht sich nordostwärts um eine versicherte Felsnase, quert dann ein grasiges Plateau, läuft über leicht kupiertes Gelände, bis schließlich ein dahinmäanderndes Bächlein mit seinen Schlingen das Gras durchschneidet. Von hier ist es nicht mehr weit bis zum Nedersee auf 2436 Metern Höhe. Er spiegelt die Farbtöne des Himmels wider und noch viel mehr Nuancen – eine karibisch-türkis bis petrolfarben schillernde Lacke, flach und kalt das Wasser. Da ist es wieder, dieses hypnotische Hineinstarren. Ein kleiner Ablauf gluckert friedlich vor sich hin. Auch das ist: Wassermusik.

Unten im Tal, bei Zwieselstein, verbinden sich die Zuflüsse aus Vent und Gurgl zur Ötztaler Ache. Sie sammelt viele weitere Zuflüsse und damit das Wasser aus allen Seen und Bächen der zahlreichen Seitentäler des 65 Kilometer langen Ötztals. Darunter monumentale Wasserfälle wie der Lehner Wasserfall oder der Stuibenfall, mit 160 Metern höchster Wasserfall Tirols. Das Wasser spielt hier im Tal eine zentrale Rolle, es liefert Strom, schon seit 1920 mit dem ersten kommerziellen Wasserkraftwerk. In der Waschanlage des Ötztaler Schafwollzentrums, wohin die 12.000 bis 15.000 Ötztaler Schafe 30 Tonnen Wolle im Jahr liefern, wäscht man mit kalkfreiem Grundwasser und braucht daher keine Chemikalien zum Entkalken.

Wo Gletscher schwinden, sind neue Attraktionen im Tal gefragt. Oder alte, die man wieder aufleben lässt. Bis 1875 gab es in Längenfeld ein Bauernbadl, dessen Schwefelquelle seit dem 16. Jahrhundert unter einem Felsvorsprung hervorsprudelte. Darüber stand eine kleine Kapelle. Der Bau des Bad- und Wannenhauses bestand aus Holz, in gemauerten Kesseln wurde außerhalb der Hütte das Wasser für die Wannen erwärmt. Doch im November 1875 brannten alle Gebäude bis auf die Grundmauern ab. Seit 2004 greift der neu eröffnete Aqua Dome die alte Badetradition wieder auf. Aus einer Tiefe von 1865 Metern strömt hier das Heilwasser mit einer Temperatur von 40° Celsius an die Oberfläche. 90 Prozent des Quellwassers fließen direkt in das neue Thermalbad und seine drei monumentalen, kreisrunden Außenbecken, sie haben den Aqua Dome längst zu einem Wahrzeichen des Tals gemacht.

Hier bei Längenfeld besitzt die Ötztaler Ache bereits stattliche Ausmaße. Über alle fünf Talstufen fließt sie vorbei an Bergsturzmassen, Schuttkegeln und steilen Berghängen, durch flache Ebenen und schmale Durchgänge, bis sie schließlich zu einem reißenden Fluss anschwillt. (Manchmal auch mit zerstörerischer Kraft: Im August 1987 schwappte eine Hochwasserwelle die Ötztaler Ache hinunter, riss eine Brücke bei Längenfeld weg, sechs Autos stürzten in die Fluten, 13 Menschen starben.) Trotz der Gefahren ist der Fluss ein begehrtes Ziel zum Raften und für den Kajaksport.

DIE LIEBSTE BADEWANNE?

Wer's ruhiger mag: Als wärmster Badesee Tirols überrascht der Piburger See. Im Sommer kann er schon mal um die 24 Grad erreichen. Bei den Einheimischen als Badeziel Nummer eins bekannt, liegt der See umringt von einem dichten Waldgürtel oberhalb von Oetz. Wie ausnehmend schön seine Lage ist, können Wanderer zum Beispiel auf dem wenig bekannten Oltrogge-Weg entdecken, der sich von der Neuen Bielefelder Hütte aus unterhalb des Acherkogels südwärts zieht. Von hier wirkt der See wie ein glänzendes Auge, in welchem sich das Sonnenlicht spiegelt. Im Winter erstarrt seine Oberfläche zu einem riesigen Spiegel aus Natureis, auf dem man seine Runden drehen oder einfach winterwandern kann, dabei stets den dominanten Acherkogel im Blick, der die Sicht begrenzt. Ein paar hundert Meter unterhalb des Sees spannt sich die historische Wellerbrücke über das breite Bett der tosenden Ache, die hier an den Achstürzen Felsbrocken und Findlinge umspült. Hier, zwischen Tumpen und Habichen, liegt unbestritten der schwierigste und gefährlichste Teil der Ötztaler Ache. Während manchen schon die kontemplative Ausschau von der Brücke genügt, lieben Kajak-Fahrer und Kanusportler den Wildfluss wegen seiner unbändigen Kraft und Energie.

Die Welle reiten, wenn sie kommt. Die Natur nehmen, wie sie ist. Das verbindet die Extremsportler aus aller Welt mit den Talbewohnern. Das Wasser zeichnet, sprengt und prägt die Natur des Tals ebenso wie seine Menschen, die diese Kräfte von klein auf kennen und hinnehmen. „Was soll man groß jammern, das ist der Lauf des Lebens, der Natur – das ist eben so", sagen die Ötztaler.

Das Leben hinnehmen, wie es eben ist, mit Genügsamkeit und froh über das, was man hat, das ist eine Haltung, wie man sie hier häufig im Tal findet. Nichts anderes sein wollen als das, was man ist. Akzeptieren, wohin man gesetzt ist. Vielleicht ist das ein Stück Demut, die das Leben im Angesicht der Naturgewalten mit sich bringt.

Seite 34/35: Nebelkogel, Warenkarseitenspitze, Stubaier Wildspitze und Co.: mächtige Dreitausender über dem Wannenkarsee

Wanderung entlang der Rofenache

Von Vent führt eine kurze Talwanderung vorbei am ehemaligen Kreuz der Wildspitze bis auf Höhe der historischen Rofenhöhe, wo eine filigran gespannte Hängebrücke die Rofenache überspannt. Nach Einkehr in den schön gelegenen Rofenhöfen auf selbiger Talseite vorbei an Haflingerweiden zurück nach Vent. Gesamtdauer: 1.45 Std.

Klettersteig am Stuibenfall

Anfangs entlang von Felsen klettert man später direkt an der Flanke des Wasserfalls hinauf bis zum Ausstieg. Wer mutig ist, kann den 159 Meter hohen „Stuiben", der sich streckenweise wie ein senkrechter Strahl ins Tal stürzt, hier an einem Drahtseil queren.

Klettersteig Lehner Wasserfall

Während die Originalroute rechts vom Wasserfall verläuft, führt eine neue Variante auf der linken Seite empor. In sicherer Distanz zum Wasser lässt sich so die Kraft des Lehner Wasserfalls eindrücklich erleben. Gesamtdauer: 220 Hm, 1.30–2 Std. rechter Ausstieg und 2.30–3 Std. linker Ausstieg, mit Abstieg 3–3.30 Std.

Wanderung über die Gurgler Seenplatte mit Soomsee und Nedersee

Über einen langgezogenen Aussichtsbalkon führt ein unschwieriger Höhenweg zu den schönsten Seen des Gurgler Tals, die als Prototyp eines Postkartenmotivs dienen könnten. Höhenweg Seenplatte Gesamtdauer: Obergurgl – Soomsee – Nedersee – Lenzenalm – Sahnstüberl: 700 Hm, ca. 5.30 Std. gesamt (retour über Fußweg nach Obergurgl)

Aqua Dome Längenfeld

Längst ein architektonisches Wahrzeichen, setzt die Therme in Längenfeld auch dem Ötztaler Wasser ein Denkmal – hier in Form von stimmig gestalteten Außenbecken, die das Schwimmbad und einen großzügigen Saunabereich ergänzen.

Wellerbrücke und Piburger See

Vom Weiler Tumpen zieht sich ein Wanderweg in den Wald und führt direkt auf die alte Wellerbrücke zu, die sich über das tosende Bachbett der Ötztaler Ache zieht. Gehzeit Gesamtdauer: Tumpen – Wellerbrücke – Oetz, ca. 45 Min.

Oben: Frühling am Stuibenfall
Mitte: Am Brunnen der Armelenhütte
Unten: Herbstmorgen am Piburger See

ÖTZTALER WASSERLÄUFER – DIE KRAFT DES WASSERS ERLEBEN

Stille Weiher, wilde Bäche, kraftvolle Wasserfälle – Wasser zieht uns magisch an. Weil das so ist und weil das Wasser im Ötztal eine ganz besonders tragende Rolle spielt, gibt es seit kurzem extra definierte Themenwege, bei denen sich alles rund um das nasse Element dreht. Wer im Ötztal von „Wasserläufer-Wegen" spricht, meint ganz besonders erlebnisreiche Wanderungen, die buchstäblich nah am Wasser gebaut sind und ganz nebenbei die schönsten Naturwunder des Tals offenbaren. Meist als Rundparcours angelegt, führen sie zu sanft fließenden Bächen und ruhigen Seen, zu tosend herabstürzenden Wasserfällen und bis in die Gletscherregion. Mit Schwierigkeitsgraden von leicht bis mittelschwer zeigen die Touren Naturfans besondere Orte des Ötztals, die facettenreich die prägende Kraft des Wassers erlebbar machen. Neben dem Wasserläufer rund um den Piburger See, am Stuibenfall und bei den Rofenhöfen führen weitere Routen zum Rotmoosferner, zum Vier-Seen-Weg oberhalb von Längenfeld und zum Perlersee bei Sölden.

Trittsicherheit ist empfehlenswert beim Tanz über den Soomsee.

Seite 38/39: Weißer Kogel (links) und die großartige Wildspitze überragen den Mittelbergferner.

Seite 40/41: Auf dem oberen Vernagtferner öffnet sich der Blick nach Südwesten zur Weißkugel.

Wild zerrissen brechen die Langtauferer Eiswände vom Gepatschferner ab.

Schattig und steil geht es über den Gaisbergferner hinauf zur Liebener Spitze.

Die Schmelzwasser des Sommers haben im Gurgler Ferner und Vernagtferner geheimnisvolle Eistunnel in die gefrohrene Materie gefräst.

Am Gurgler Ferner: Auch erfahrene Bergsteiger sollten nur bei Kälte, niedrigem Wasserstand und vor allem gut gesichert Eistunnel dieser Dimension betreten.

Schattierungen in Weiß: ein eisiger Vorhang zwischen Felswand und Licht

Schattierungen in Blau: Risse durchziehen das Eis am Gletschertor des Hintereisferners.

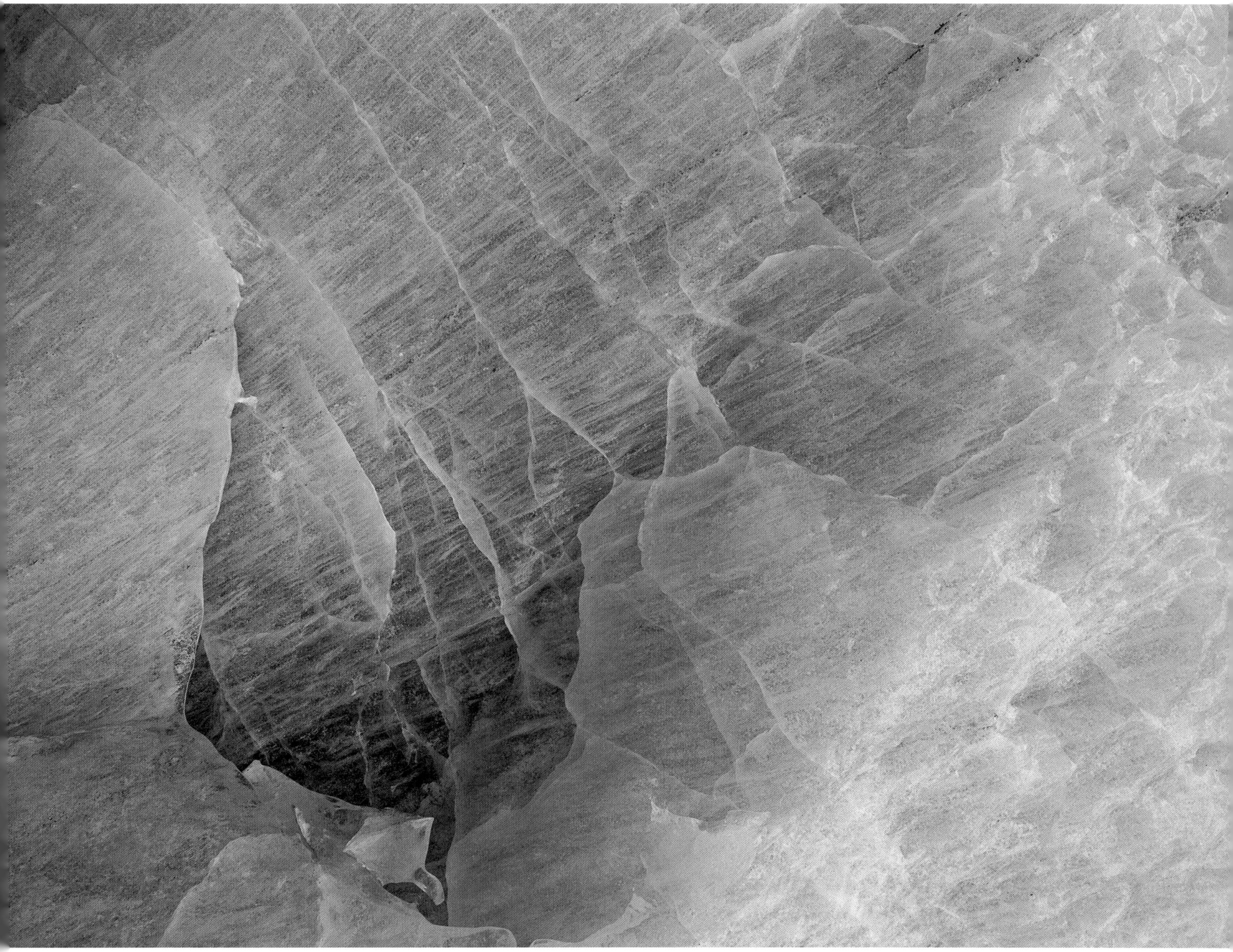

WENN DAS EIS SPRICHT

*Gletscher können reden. Sogar telefonieren, wetten?
Besonders die Ötztaler Gletscher haben viel zu erzählen. Auf magische Weise konservieren sie Geschichten, Sagen und Orte. Sie berichten Überraschendes von gestern, heute und morgen.
Vor allem faszinieren sie mit einer Traumkulisse für Touren in Eis und Schnee.*

Nur 15 Meter trennen uns vom Gipfel. „Ein breiter, markanter Firngrat, nicht zu steil, schwingt sich oberhalb des Gletschers elegant zum höchsten Punkt." So hatte es im Text des Tourenführers geheißen. Voller Euphorie schnaufen wir die letzten Schritte zum Gipfelkreuz hinauf. Der Text hat nicht zu viel versprochen: Das „Design" dieses formschönen Gipfelaufbaus erinnert an die kühne Buglinie eines Schiffs, den Kiel oben. Seine Silhouette macht den 3603 Meter hohen Similaun zu einem weit erkennbaren, schnittigen weißen Riesen. Wir schweigen. Minutenlang. Ein gutes Zeichen. Dafür, dass diese wenigen Quadratmeter auf dem Gipfel, an der Schnittstelle zwischen Nord und Süd, zwischen Tirol und Südtirol auch für erfahrene Bergsteiger etwas ganz Besonderes sind. Grenzübergreifend ist auch das Gefühl an diesem Logenplatz: Freude, Stolz und Erleichterung mischen sich. Dann umringen fünf Leute das gut vier Meter hohe, silbrig glänzende Kreuz. Die Kuppe des Similauns ist der Thronsitz der Weißen Göttin Ana, so die Übersetzung des uralten Namens. Er soll sogar aus vorsemitischen Zeiten stammen. Ein Kultberg war er damals. Ein Kultberg ist er heute.

Kult hin oder her – Bergführer Flori ist das wurscht. Er friert, und zwar ziemlich. Und Götterdämmerung will er hier auch keine erleben, denn im Süden ballen sich drohend tiefhängende Cumulus-Wolken zusammen. „Packt's z'samm. Mia miass'n oi", sagt er knapp. Noch ein letzter Blick Richtung Vinschgau und ins Schnalstal hinunter, zum fast unwirklich jadegrün schimmernden Vernagtstausee. In der Aufstiegsspur steigen wir über den Gletscher ab, der in Stufen abfällt, seine Ausläufer strecken sich fast bis zur Similaunhütte. Das Team ist jetzt, am dritten Tag der Ötztaler Hochtourenwoche, gut eingespielt. Keiner lässt das Seil schlapp über den Boden schleifen, keiner stockt, stolpert oder steigt mit den Steigeisen ins Seil. Buchstäblich wie am Schnürchen ziehen wir rasch den Niederjochferner hinab, umgehen den gut sichtbaren Gletscherbruch mit den offenen Spalten in weitem Bogen. Dann verflacht das Eis. Fast eben führt die Spur jetzt auf die Hütte zu. Dort haben wir das Gepäck deponiert, wollen übernachten. Schon fast den Duft der legendär guten Hütt'n-Bolognese in der Nase, trauen wir uns wieder, Sprüche zu klopfen. „Jetzt ist die Kuh vom Eis", rufe ich scherzend (mich meinend) an die Kolonnenspitze. Und überlege, ob's wohl Apfelstrudel zum Dessert geben könnte? Dann passiert es.

Genau hier im letzten, beinah brettflachen Drittel des Niederjochferners erwischt es mich. Als Dritte einer Fünferseilschaft stapfe ich korrekt in der Aufstiegsspur durch das Schneefeld. Urplötzlich bricht mir der Boden unter beiden Füßen weg, beidbeinig sacke ich in eine schmale Spalte. Bevor ich es begreife, verschwinde ich fast bis an die Schultern darin. Ich klammere mich am Rand fest, während meine Füße in der Tiefe nach Grund tasten. Doch da ist – nichts! Nur gähnende Leere. Instinktiv lehne ich mich so weit wie möglich über den Spaltenrand, versuche, mich flach und leicht zu machen, das Gewicht des Rucksacks zu verteilen. Das alles passiert in zwei Sekunden. „Stopp!", schreie ich nach vorne. Meine Seilschaft reagiert lehrbuchmäßig. Das Seil eh schon gestrafft, stemmen sie die Steigeisen in den Grund, gehen reflexartig auf Höchstspannung, damit ich nicht weiter absinke. Mein Vordermann zieht mich mit Kraft ein Stück bergab, so dass ich mich über den Rand winden kann. Krabbele erst auf allen vieren ein Stück vorwärts, dann stehe ich wieder. Uff! Wir sind so baff, dass keiner redet. Mehr überrascht als geschockt schaue ich mir aus sicherer Entfernung das kleine, kreisrunde Loch an, in das ich gekracht bin: eine schmale, vertrackte und tiefschwarze Spalte. „Ist selten, dass man mit beiden Beinen gleichzeitig hineintritt", sagt Flori

Ein Hochtouren-Klassiker: Ebenmäßig und markant zeigt sich die Weißkugel dem Betrachter von Norden.

beim Abendessen. Mit bestem Südtiroler Rotwein stoßen wir auf den gelungenen Gipfel und die überwundene Schrecksekunde an. Wir sind uns einig: Diese Ötztaler Tour ist ein Highlight, wenn auch mit Falltür. Und wir sind ein gutes Team. Was will man mehr? Am nächsten Tag wartet die Fineilspitze.

Am Morgen verabschieden wir uns von Familie Pirpamer, den Hüttenwirten. Wirt Markus ist ein Sohn von Luis Pirpamer – ebenfalls Bergführer, geboren in Vent. Bis zu seinem Tod 2011 war Luis einer der besten Botschafter seines Tals. Luis hat Tausende von Gästen in seine Berge geführt, an Plätze, die für ihn, der dort tagein, tagaus lebte, nie den Reiz verloren. „Wenn ich dort oben bin, geht's mir gut. So lange ich gesund und munter bin, werde ich auch am Berg unterwegs sein." Ganz oben auf seiner Hitliste standen die Touren auf die Hintere Schwärze, die Weißkugel, die Wildspitze und natürlich auf das Brandenburger Haus, wo heute Enkelin Anna Pirpamer auf 3277 Metern das Sagen hat – als eine der jüngsten Wirtinnen auf einem der höchsten Stützpunkte Tirols. Wie eine hochalpine Trutzburg liegt das Brandenburger Haus auf einer Felseninsel, darüber die Dahmannspitze. Sämtliche Zustiege sind vergletschert, führen über Gepatsch-, Kesselwand- oder Guslarferner, die sich in alle Richtungen ergießen.

JE WILDER DIE NATUR, JE STÄRKER DIE MYTHEN

Hier am Alpenhauptkamm treffen unzählige Gletscher, in Teilen Tirols und in Bayern Ferner genannt, aufeinander. Diese markanten Gipfel und Eisströme machen die Faszination der Ötztaler Hochtouren aus. Die Fakten: 13 Prozent der Fläche des Tals sind vergletschert, also rund 115 Quadratkilometer, bei nur fünf Prozent Siedlungsraum. Die größten sind der Gurgler Ferner, der Schalfferner und der Hintereisferner, der von der Weißkugel herabzieht. Kleine und größere Eiszeiten, die letzte um 1850, haben die tief eingeschnittenen Täler geprägt. Sie spiegeln eine übermächtige Natur. Je stärker die Naturgewalten, desto größer der Glaube an Mär und Mythen. Wo Erklärungen fehlten, war Raum für Sagen, Legenden, Märchengestalten, und die Menschen begründeten die Katastrophen mit verfehlter Moral, als Sühne für sündiges Verhalten.

Gletscher gehören zum Faszinierendsten, was der Erdball zu bieten hat. Warum? Wegen ihrer Schauwerte, wegen ihres Eigenlebens. Die bizarre Schönheit zieht die Menschen magisch an. „Heiliges Eis" nennen manche Bergsteiger übrigens festes, reines, durchscheinendes Eis, das keine Luftblasen einschließt. Genau das ist die perfekte Materie, um Rohreisschrauben zu setzen, stabile Fixpunkte, Rettungsanker in einem Meer aus Eis.

Die gefrorene Materie kann viel erzählen, über Klima und Vergangenheit. Hin und wieder, nach Jahren, Jahrzehnten oder Jahrhunderten, geben die Ötztaler Gletscher erstaunliche Dinge frei: zerrissene Teile von Flugzeugwracks oder vergessene Keksdosen aus den Vierzigerjahren. Die spektakulärste Entdeckung von allen ist der „Mann aus dem Eis", der nach über 5200 Jahren oben am Tisenjoch ausaperte und 1991 entdeckt wurde. Heute gilt er als berühmtester Ötztaler. Das Ötzi-Denkmal an der Fundstelle gehört zu den besonders mythischen Plätzen des Tals. Bis heute hält die berühmteste Gletscherleich' ihre Forscher in Atem. Ihre Lage und Ausrüstung erzählen spannende Geschichten vom Leben in der Steinzeit, von uralten Routen, die bis heute begangen werden. Man überlege: Mit vier Schichten Hightech-G'wand, feinstem Merino, Softshell, Hardshell, Laminaten und anderen Membranen, dazwischen Daune oder Kunstwatte – so trauen wir uns heute hinauf in alpine Sphären. Fühlen uns dabei so ultracool und megamodern wie Astronauten bei der Mondlandung. Und dann? Dann entdecken wir technikverliebten Ausrüstungsfetischisten, dass der alte Ötzi das Prinzip der Isolation durch Luft längst „erfunden" hatte. Er stopfte sich Heu in die Lederschuhe, kehrte das wärmende Fell an den Sohlen als Heizeinlage nach innen. Dazu war Ötzis Lederumhang vermutlich atmungsaktiver als manch heutiger Highend-Frack, auch Hardshell genannt, trotz aller Laminate, Membranen und Co. Das „Layering"-Prinzip war damals schon der beste Kälteschutz, zu Zeiten, wo zwar längst der Hammer, aber nicht unsere Mach-dir-die-Berge-untertan-Attitüde entstanden war.

Wie jeder gute Hochtourist, der zum Niederjochferner aufsteigt, hatte Ötzi Lederschuhe mit Profilsohlen, Proviant, eine Hausapotheke und – statt Schweizer Taschenmesser – einen Dolch aus Silex bei sich. Sogar tätowiert war der alte Knabe, eine Mode, die heute wieder (im wahrsten Wortsinn) bestechend „in" ist. Viele Errungenschaften, die wir der Moderne zuschreiben, waren dem steinzeitlichen Jäger schon geläufig. Dabei sind wir es, die uraltes Wissen lediglich neu entdecken. Der Wert der Gletschermumie und ihre Entdeckung ist mit Geld nicht aufzuwiegen – sie zieht den Schleier von einem vergessenen Stück Vergangenheit. Doch wer persönlich einen Blick auf das magere, gefriergetrocknete Gerippe mit den blicklosen Augen wirft, wie es steif im bombensicheren

Kalt und gerade deswegen ein Erlebnis: eine Nacht im Winterraum der Similaunhütte

Wie ein Leutturm im Eismeer steht das Brandenburger Haus über dem Kesselwandjoch.

Glassarg in Bozener Museum liegt, möchte fast meinen, der stolze Steinzeitjäger wär lieber oben im Eis geblieben. Aber der Bildungsauftrag geht über die Würde des Individuums.

Wie wir sehen: Gletscher können reden, von alten Zeiten und ebenso von der Zukunft. Der Münchner Klangkünstler und Musiker Kalle Laar nahm den Vernagtferner sozusagen beim Wort und installierte 2007 ein Mikrofon mit Telefonanlage in Hörweite – nämlich in einer Gletscherspalte. Seither kann man den Gletscher anrufen und ihm in Echtzeit beim Abfließen zuhören. „Calling the glacier" heißt das Projekt, Teil der Kunst- und Umwelt-Initiative „Overtures", die das dramatische Abschmelzen der Gletscher buchstäblich mit einer eigenen, authentischen Stimme verbalisieren. Es sind letzte Worte eines Sterbenden, wenn man die Aussage der Aktion etwas zuspitzt. Auch ohne Alpinist zu sein: Wer das Rauschen des Wassers hört, bekommt schnell eine Ahnung, wie sehr der Countdown tickt. Die Lebenszeit der Gletscher ist angezählt.

Der berühmteste, weil höchste Berg, der ganz auf Nordtiroler Boden steht, ist die Wildspitze mit 3768 Metern. Nach Nordwesten vergletschert, nach Süden hin felsig, wird die Spitze von Brochkogel und einem namenlosen Nachbargipfel flankiert. Über ein halbes Jahrhundert war dieser Haufen aus Stein und Eis der Arbeitsplatz von Bergführer Martin Gstrein, Jahrgang 1930, aus Vent. Seiner Familie gehört das Berghotel Gstrein am Ortsrand. Auf der Terrasse erzählt Martin Gstrein von „seinem" Berg und von früher. Schon sein Vater – er stammt aus dem nahen Weiler Heiligkreuz an der Venter Straße – hat die Gäste auf Grate und Gipfel geführt. Martin selbst wollte nie etwas anderes sein als Bergführer. Doch mit 21 verletzte er sich das Bein, als der alte Ami-Jeep, in dem er saß, in ein Bachbett kullerte. 1951 war das. Doch das hinderte ihn nicht daran, seinen Lieblingsberg zu besuchen: Über 900 Mal stand er am Gipfelkreuz, manchmal sogar zweimal am Tag. Ketterauchend, so heißt es, habe er sich mit dem Zigarettenstumpf gleich die nächste angezündet. 1958 begann seine Zeit als Bergführer, 2010 hörte er mit 80 Jahren auf. „Jeder will da rauf", sagt er und blinzelt Richtung Wildspitze. Daneben zählt er die Hintere Schwärze und die Weißkugel zu seinen Favoriten. Auch jetzt steht er mit einer Zigarette auf der rückwärtigen Terrasse seines Hotels, schaut in die Sonne, zeigt mal links, mal rechts auf die Gipfel.

„Ja, da oben hab ich viele Geschichten erlebt. Die Zeit als Bergführer war die beste meines Lebens!", sagt er mit zufriedenem Lächeln. Zwar seien die Rettungen ohne Heli früher schwer und aufwändig gewesen: „Eine Schinderei", erinnert er sich. „Das wurde erst mit der Fliegerei besser. Wir sind mit Piper-Maschinen raufgeflogen, die können sogar auf Schnee landen. Der Pilot Eduard Bodem aus Innsbruck hat dabei viel geleistet."

Martin war Wirt vom Hochjochhospiz, wie zuvor der Vater. Weit reisen konnte Martin wegen der Familie nicht, sieben Kinder hat er, die heute alle woanders leben. Nur Sohn Johannes ist geblieben, er leitet das Hotel Gstrein. Also ist Martin in die heimischen Stubaier und Venter Berge gegangen. „Am Anfang sind wir mit Hanfseilen geklettert, bis die Engländer Mitte der Fünfzigerjahre die ersten Nylonseile mitbrachten – um die haben wir dann gefeilscht", lacht er. „Die Karabiner waren damals viel schwerer und technisch lang nicht so ausgereift wie heut. Die Pickel hatten einen Holzstiel, statt Eisschrauben haben wir Haken eingeschlagen, später die Marwa-Schrauben. Und die Knoten haben wir von der Marine übernommen." Dann erzählt er vom Flugzeugabsturz auf dem nahen Spiegelferner, um 1943 war das ungefähr, und von der alten Samoaralm mit zugehöriger Hütte. „Samoar ist ein rätoromanischer Name", erklärt er, „denn die alten Venter stammen von den Rätoromanen ab." Ab 1938 hieß sie Hermann-Göring-Haus, nach dem Krieg wurde sie zunächst Neue Samoarhütte, ab 1956 dann nach dem damaligen Vorsitzenden des Österreichischen Alpenvereins, Martin Busch, benannt. Martin sinnt der Vergangenheit nach, lehnt dabei im violett-karierten Flanellhemd am Geländer. Er hat eine markante Nase, weißes Haar, noch immer blau strahlende Augen.

Zwei Tage vor Ötzis Fund sei er selber an jener Stelle vorbeigelaufen. Dann wurde die Gletscherleich' heruntergeflogen, landete direkt neben Martins Haus. „Da hab ich ihn mir gleich angeschaut." Sein Eindruck? „Ja, der sah recht alt aus", sagt Martin mit inneralpiner Knappheit. Ob er jemals woanders hätte leben wollen? „Nein", sagt er sofort. „Das Schönste für mich war immer, hier in meinen Bergen unterwegs zu sein. Und nicht die Höhe macht es", sagt er. „Hier bei uns gefällt's mir besser als am Gardasee, an der Riviera oder in Sizilien."

Dann erzählt er noch von der Sache mit dem Ballon. 1931 landete der Schweizer Wissenschaftler Auguste Piccard mit seinem Stratosphärenballon auf dem Gurgler Ferner. Bis auf 15.785 Meter war der Ballon gestiegen, so hoch wie nie zuvor ein Mensch. Abends gegen 21 Uhr ein Rumpeln, ein Schlag: Der Ballon glitt über unbekannten Grund, bis er schließlich stoppte. Erleichtert vermerkte Piccard nach einem Blick aus der Luke im Bordbuch: „Schönes, unbekanntes Hochgebirge. Gondel und Ballon liegen auf einem Gletscher." Es ist der Gurgler Ferner. Drei Gurgler Bergführer, Hans Falkner, Hugo Gstrein und Martl Grüner, bringen die gestrandeten Wissenschaftler in Sicherheit – ins Bergbauerndorf Obergurgl mit gezählten 14 Höfen. Die Notlandung machte den Ort damals bekannt und begründete den Tourismus in Obergurgl.

WER HOCH STEIGT, MUSS NICHT FALLEN

Sechs Jahre zuvor lieferte der Gurgler Ferner eine malerische Kulisse für einen jungen Regisseur, der später weltberühmt werden sollte: Hollywood-Genie Alfred Hitchcock hat schon damals erkannt, dass die weit gedehnten Gletscherfelder der Ötztaler eine ideale Projektionsfläche für Träume oder Dramen auf Zelluloid sind, eine Art Leinwand für hochspannende Geschichten sozusagen. Eine Postkarte vom Skiort Obergurgl hatte Hitchcocks Neugier geweckt. Im Oktober 1926 drehte er rund um Obergurgl den 57-minütigen Stummfilm „Der Bergadler" („The mountain eagle"). Typisch für Höhenlagen um 2000 Meter wurde die Filmcrew beim Dreh von einem Wintereinbruch überrascht. Leider ist der Film bis auf wenige Standbilder verschollen und gilt heute als der meistgesuchte der Welt.

Hochtour auf den Similaun, 3606 m
Leichte Hochtour mit grandiosem Gipfelpanorama bis in die Dolomiten und die Ortlergruppe. Gehzeit Vent – Similaunhütte: ca. 4 Std., 1120 Hm, Gehzeit Similaunhütte – Similaun: ca. 2.30 Std., 587 Hm; insgesamt: 10–11 Std., daher Übernachtung in der Similaunhütte einplanen

Hochtour auf die Weißkugel, 3738 m
Lange Hochtour mit fast westalpinen Dimensionen, auch wenn der Hintereisferner in den letzten Jahrzehnten einiges an Länge verloren hat. Vom Hochjochhospiz über die Schöne-Aussicht-Hütte und das Hochjoch 5 Std. im Aufstieg, insgesamt 9 Std.; vom Brandenburger Haus über den Gepatschferner (Richter-Weg) 4.30–5 Std. im Aufstieg, insgesamt 10–11 Std.

Hochtour auf die Wildspitze, 3768 m
Einer der ganz großen Klassiker, nicht nur in den Ötztaler Alpen. Von der Breslauer Hütte über das Mitterkarjoch und den Taschachferner zum Südgipfel. Im Aufstieg 3.30 Std., 950 Hm, insgesamt 6–7 Std. Vorsicht am und unter dem Mitterkarjoch: Steinschlaggefahr!

Hochtour zum Fluchtkogel, 3497 m
Einfache Gletschertour, die jedoch durch das hochalpine Umfeld eindrucksvoll und landschaftlich sehr schön ist. Vom Brandenburger Haus 1.30 Std., 300 Hm im Aufstieg, insgesamt 3–4 Std. Alternativ von der Vernagthütte 2.30 Std., 800 Hm im Aufstieg

Hochtour zu Annakogel, 3333 m und Hochwilde, 3482 m
Langer und alpiner Anstieg auf das südöstlichste Bollwerk der Ötztaler Alpen. Grandioser Blick auf die Dolomiten und die Berge Südtirols. Überschreitung Annakogel – Hochwilde-Nord- und Südgipfel vom Hochwildehaus („Gustaf-Becker-Weg") im Aufstieg 5 Std., 750 Hm, insgesamt 9–10 Std.

Hochtour zum Schalfkogel, 3540 m
Klassische Hochtour in abwechslungsreicher Landschaft. Durchaus reizvoll und vor allem einsam ist die Überschreitung mit Abstieg zur Martin-Busch-Hütte. Vom Hochwildehaus 4 Std., 950 Hm im Aufstieg, insgesamt 7–8 Std.

Oben: Am Similaun-Gipfelgrat

Mitte: Auf dem Weg zur Wildspitze

Unten: Früher Start zum Fluchtkogel

„Alle Gletschergeschichten kamen über Sagen ins Bewusstsein der Menschen", schreibt der Ötztaler Dichter Hans Haid in seinem Band „Ötztal – Sagen und Mythen entdecken". Wie in vielen Alpentälern wohnten auch hier, zum Beispiel oberhalb des Venter Höhenwegs, die Saligen Fräulein als Hüterinnen der Natur. Ebenso wie die Eiszwerge zählen sie zu den Geistern, mit denen sich die Menschen gern gut stellten. Die klaffenden Gletschertore führen zum Eingang ihrer Kristallpaläste aus purem Eis, wo sie tief drinnen im Berg beim Spiel sitzen, in gold- und diamantglänzenden Hallen. Zu den Saligen gehören auch die drei Feyen, die an der Grenze der Gletscher wohnen: Geister der Luft, die in Menschenform umherwandeln. Sie lieben die Freiheit, die sich in ihrer Liebe zu den höchsten Regionen äußert. Die Gämsen sind ihre Haustiere, welche sie füttern, tränken, melken und hüten. Doch wehe denen, die freveln und wider die Natur handeln, gar Tiere erschießen! Die Saligen hassen die Jäger, da sie die Freiheit der Tiere bedrohen. Brave Talbewohner beschenken sie dagegen gutmütig mit reichen Gaben.

Im Venter Tal ist auch der teuflische Gegenspieler der Saligen daheim, der „Neaderer Tuifl", der unzählige Lawinen den Berg herunterschickt. Auch ein eifersüchtiges Bergmandl soll hier hausen, dazu ein weißer Schindwurm und ein wildes Mannle, nachdem selbiger Berg westlich von Vent benannt ist. Sogar verschwundene Städte soll es geben im Hinteren Eis (Hintereisferner), wo auch Haldiga mit den goldenen Haaren anzutreffen ist. Das Bergfräulein ist eine Schwester der Saligen. Wer in Haldigas Welt eindringt, den schleudert sie in den Abgrund, so heißt es.

Oben bei der Ochsenhütte im Niedertal liegt die „verfluchte Alm". Einst ein blühender Fleck, verweigerten eines Tages die wohlhabenden Rinderhirten einer armen Wandersfamilie den Schutz in einer Unwetternacht. Die Wanderer verfluchten daraufhin die satten Weiden, worauf Kühe und Ochsen noch im selben Jahr bei einem Brand umkamen. Heute finden höchstens noch Schafe etwas mageres Gras, während die alten Hirten noch immer als Schatten herumschleichen.

Fast schon abstrakte Kunst: Blau und klar strahlt das Eis im Gletschertor des Hintereisferners.

Seite 56/57: Ein stiller, feiner Platz zum Leben: die Grubealm bei Längenfeld

Seite 60/61: Steigt man von der Maisalm hinauf zum Mutkopf, öffnet sich schon bald der Blick hinaus auf das Inntal.

In der Sommerfrische: Haflinger auf den Wiesen der Polltalalm

Auf den Frühlingswiesen unter der Hohen Geige ist genug Raum für Almvieh und Wild.

Ein erster Schneefall kündigt im Horlachtal den nahenden Winter an.

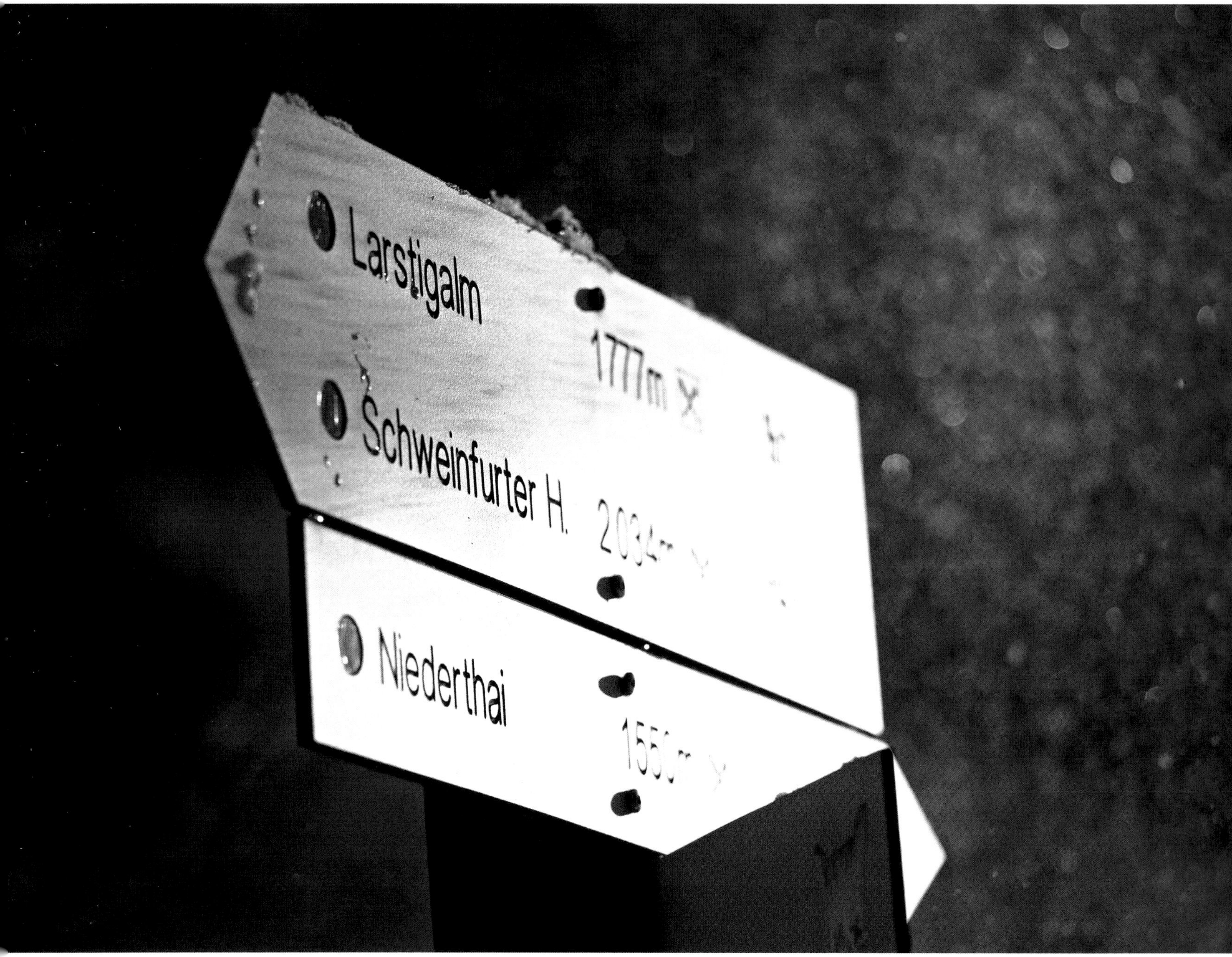

Auf 3174 Metern Höhe gelegen, den Wolken ganz nah: die Hochstubaihütte trägt ihren Namen nicht umsonst.

Ein Adlerhorst in 3272 Metern Höhe über riesigen Gletscherflächen: das Brandenburger Haus

Ganz gleich, ob Hochwildehaus (oben) oder Hauerseehütte (unten), die Berghütten sind mehr als nur alpiner Stützpunkt.

EIN LICHT IM DUNKEL

Vom Hohlen Stein zum Hightech-Bau: Schon in der Steinzeit nächtigten Menschen unter Konstruktionen aus Holz und Stein. Stein ist bis heute das Material der Wahl: Zwischen Similaun und Wildspitze, Acherkogel und Fundusfeiler spenden Hütten Schutz, Licht, Rettung, Wärme, Essen, sogar Komfort. Kurz: Sie stehen für das Leben!

Haben Sie sich schon mal gefragt, wo Ötzi wohl zwischen seinen Ausflügen gewohnt hat, oder auf der Jagd nach Gämsen oder Steinböcken? Genau darüber denken wir nach, als wir zu dritt zur Schönwieshütte aufsteigen. Der Plan: eine selten begangene Überschreitung des Schalfjochs, wo Outdoor-Fotograf Bernd Ritschel den Gurgler Gletscher im frühen Morgenlicht aufnehmen will. Jeder hat ja seine Schokoladenseite, das gilt auch für Gletscher. Eine lange Runde haben wir da vor. Sie beginnt in Obergurgl und führt in gut getaktetem Abstand an kulinarisch interessanten Hütten vorbei. Nichts motiviert mehr als eine gute und sportlich verdiente Jause.

Nach einer Stunde quert der Weg die Rotmoosache, die hier eine tiefe Schlucht in den Felsgrund gefressen hat, hält dann auf die Schönwieshütte zu. Schönwies? Der Name ist Programm: Ein flacher Bau auf weiten Almwiesen, das langgezogene Satteldach duckt sich wie Vogelschwingen an den Grund. Wir kehren auf einen gespritzten Apfelsaft ein. Der Saft dazu stammt aus den bekannten Haiminger Apfelgärten am Taleingang. Weiter geht's. Einige Höhenmeter später passiert der Schotterweg die winzige Gurgler Alm, eine niedrige Hütte aus massivem Naturstein auf 2240 Metern. Wer hätte gedacht, dass Menschen diese Weideflächen hier seit über 6200 Jahren nutzen? Noch eine Stunde, dann stehen wir vor der Langtalereckhütte. Ebenfalls aus Naturstein gemauert, erinnert diese Trutzburg daran, wie rau das Klima hier oben sein kann. Ein schnelles Speckbrot, dann wird es spannend: Als steiler Bergpfad umrundet der Weg den nördlichen Schwärzenkamm, führt schließlich über einen Moränenrücken und hält auf das Hochwildehaus zu. Rechter Hand reckt tief unten der Gurgler Ferner seine Zunge talwärts. Hoch darüber prangt das Schalfjoch über dem spaltigen Kleinleitenferner. Direkt vor uns heben sich Hochwilde, Falschungg- und Karlesspitze im weiten Gipfelkranz vom Abendhimmel ab.

Wie hingetupft wippen Wollgrasblüten im saftig grünen Moos vor der Winnebachseehütte.

Es dunkelt bereits. Im Hochwildehaus auf 2883 Metern brennt Licht. Wo Licht ist, da sind Menschen, da ist Schutz, Wärme, ein warmes Essen, ein Bett. Die rotweißen Fensterläden der Hütte bilden den einzigen Farbkontrast zur steingrauen Szenerie. Der Stalltrieb befeuert unsere letzten Schritte. Abends, nach einem reschen Schnitzel, holt Mitarbeiterin Christine Nösig die Gitarre raus und stimmt mit Hüttenwirt Sigmund Gufler einen Zwiegesang an: „Drobn auf der Hochwilde, da san mia dahoam. Wenn die Gletscher schmelzen, dann duad's Herz a bisserl woan". Was und wie die beiden da singen, ist weit entfernt von einem Gstanzl in schunkelnder Schneebar-Manier. Das hier ist gelebte Alpenkultur. Eigentlich unterrichtet Christine, Jahrgang 1986, als Musiklehrerin in Rankweil. Seit Studententagen hilft sie im Sommer auf dem Hochwildehaus aus. Sie erzählt vom Hüttenleben. Und dass sie seit Anfang 2014 das erste Mädel bei der Längenfelder Bergrettung ist. Respekt!

Wir gehen früh schlafen. Das braucht's auch: Um 3:30 Uhr müssen wir raus. Im Sommer die beste Zeit. In klaren Nächten strahlt der Schnee genügend Wärme ab, die Firnbrücken sind fest. Anfangs steigen wir ein Stück zum Gurgler Ferner ab, dann über Geröll bergan. Als es hell wird, seilen wir an, ziehen über den spaltigen Kleinleitenferner in weitem Rechtsbogen ins Schalfjoch hinauf. Tief unten schiebt sich der gewaltige Strom des Gurgler Ferners wie eine megabreite Autobahn ins Tal. Als die ersten Sonnenstrahlen über den Kamm steigen, stehen wir am Joch. Welch ein Moment. Wärme tanken. Pause machen – und Bilder: Bernd zückt die Kamera. Hier ist er in seinem Element. Den ganzen Tag bekommen wir keine Menschenseele zu sehen. Durch eine Felsrinne hangeln wir abwärts, dann geht es über

Haus mit Geschichte: Die Martin-Busch-Hütte liegt an einem uralten Übergang.

Eins mit der Natur: Klein und urig liegt die Hauerseehütte am gleichnamigen See.

losen Moränenschotter weglos talwärts. Konzentration. Unten, in der Senke des Schalfbachs, freut sich das Auge doppelt über sporadische Inseln von schüchternem Grün. Am Ende des kargen Tals hockt – endlich, das Ziel! – die Martin-Busch-Hütte auf einem felsigen Absatz. Nach dem stundenlangen Marsch über Geröll, das wie eine Art Kugellager auf dem Eis liegt, erscheint die Hütte wie eine Oase in der Steinwüste. Ein frischer Salat, auf Hütten echter Luxus. Nach dem losen Schotter der letzten Stunden wirkt der breite, gemütliche Fahrweg Richtung Vent wie eine Landebahn für Airbusse. Schließlich weist rechter Hand ein Abzweig zum Ramolhaus. Durch Latschen, Almrausch, Matten und Wiesen schraubt sich der Pfad hinauf zum Ramoljoch.

HOCHALPINE ANKERPLÄTZE

Bevor man von einem Tal ins andere steigt, sollte man kurz innehalten. Sich kurz umschauen. Denn kein Tal ist wie das andere, jedes ist eine Welt für sich. Ein kurzer Abstieg an Fixseilen und Drahtstiften führt nach unten in die Nacht. Rechter Hand geraten die Umrisse eines Gebäudes in Sicht. Die Hütte! Wie ein unschlüssiger Turmspringer lehnt das Ramolhaus an einer Felskante auf 3000 Metern über dem Abgrund. Sein Standort beweist hohe Ingenieurskunst und Sinn für Dramaturgie. Im Innern der Hütte warten viel Holz, ein herzliches „Griaß' enk!" und ein Eintrag ins Hüttenbuch. Vor allem aber das Abendessen. Suppe. Schweinebraten mit Kraut und Kartoffeln. Genau das, was der Mensch braucht nach mehrtägigem Höhenritt.

Beim Schokopudding flackert das Gespräch wieder auf. Wo Ötzi denn nun gewohnt hat? Zu seiner Zeit lagerten die Menschen am Hohlen Stein, wohl die älteste „Behausung" des Ötztals. Aus dem Süden kommend, machten Jäger und Hirten regelmäßig Station an diesem vier mal sieben Meter langer Felsblock am alten Weg ins Niedertal. Unter dem einst mit Holzpflöcken gestützten Überhang entdeckten Archäologen Feuerstellen sowie Feuersteingeräte, gefertigt aus Trentino-Gestein, das hier gespalten wurde. Der Hohle Stein ruht bei Vent auf einer kleinen Hangterrasse auf rund 2050 Metern Höhe, zwölf Kilometer vom Ötzi-Fundort am Hauslabjoch entfernt. Bereits 8000 Jahre vor Christus nutzten Jäger die Nische zum Nächtigen und verarbeiteten das Wild. Unsere Altvorderen waren weitaus aktiver, mobiler und cleverer, als wir uns das heute vorstellen können. Aus Ötzis Ausrüstung schloss man, dass er bestens darauf vorbereitet war, tagelang allein draußen unterwegs zu sein. Er war autark. Man überlege: Wir heute, nachts, draußen, allein am Berg? Man mag ein Biwak unter Sternen romantisch finden, aber in einer Sturm- oder Winternacht, wochenlang, jahrein, jahraus? Das zeigt: So eine Hütte

Endlich angekommen: Nach einem Sommerregen betreten wir die Vernagthütte.

Komfortabler Ausguck: Vom Ramolhaus zeigt sich die wohl eindrucksvollste Ansicht des Gurgler Ferners.

ist hier heroben alles. Stützpunkt, Lichtpunkt, Unterschlupf, rettender Fluchtpunkt. Hütte ist ein anderes Wort für: ankommen.

Seit Touristen etwa um 1850 das innere Ötztal für sich entdeckten, wurden erste Gasthöfe gebaut. Bereits um 1600 entstand das Posthotel Kassl in Oetz. 1871 lässt „Gletscherpfarrer" Franz Senn als erste Ötztaler Schutzhütte das Hochjochhospiz am Saumweg über das Hochjoch nach Südtirol erbauen, bei seiner Eröffnung die höchstgelegene Herberge Österreichs. Er erkannte, dass ein neues Netz aus Wegen, Hütten und Hotels die Sommerfrischler ins Tal locken – und gleichzeitig den Einheimischen eine Basis zum Broterwerb geben würde. 1889 errichtet Martin Scheiber das „Hotel Edelweiß" in Obergurgl, bis heute im Besitz der Familie, die zuvor das Ramolhaus 1881 erbaute. Bis zur Jahrhundertwende folgen zahlreiche weitere Schutzhütten, gebaut vom Deutschen Alpenverein. 1877 fügt Josef Grüner mit der Samoarhütte (2527 m) einen weiteren Stützpunkt hinzu (der 1938 in Hermann-Göring-Haus umbenannt wurde und seit 1956 Martin-Busch-Hütte heißt). 1888 kommt die Amberger Hütte (2135 m) bei Gries im Sulztal hinzu, 1901 die Vernagt- und Winnebachseehütte. 1928 wird in Hochsölden das erste winterfeste Berggasthaus gebaut, 1929 die Hauerseehütte eingeweiht, die 1949 von einer Lawine zerstört und 1970 als Selbstversorgerhütte wieder aufgebaut wird. Das letzte Wort haben die Gewalten der Natur, daran hat sich bis heute nichts geändert.

DARF'S EIN BISSCHEN EINFACHER SEIN?

Vier Stunden dauert der Aufstieg zur Hauerseehütte mit Start in Umhausen oder Längenfeld, weitere vier Stunden sind es zur Frischmannhütte. Zur Rüsselsheimer Hütte mit dem berühmten Steinbockgulasch sind es sogar sieben bis acht Stunden. Der Bau der Hauerseehütte, eine reine Selbstversorgerhütte, könnte schlichter nicht sein: Ein schmaler, ebenerdiger Riegel aus grobem Stein, Pultdach, eine Tür, ein paar Fenster – auf den ersten Blick hebt sie sich kaum von der Umgebung ab. Archaisch. Ihr DeLuxe-Faktor ist die einmalige Lage und, ja, sie hat fließendes Wasser! Wenige Meter vor der Tür rauscht ein Abfluss des Hauersees vorbei. Auf einem mehrtägigen AlpCross sitzen wir hier und kochen Wasser für unser Dinner aus Trockennahrung auf – nicht weit vom Tal entfernt und doch ganz auf uns gestellt. Sich buchstäblich selbst zu versorgen, das ist eine Erfahrung, die lange nachwirkt. Draußen vor der Tür schimmert grün der Hauersee. Ein Sprung hinein, das muss sein!

Wer vom Berg runterkommt, nachdem er tagelang der Natur begegnet ist, schätzt die einfachen Dinge. Eine einfache Mahlzeit aus Käse und Speck, hier Marend genannt. Wer genau hinschaut, merkt allerdings: Bei selbst produziertem Speck oder Bergkas ist gar nichts einfach. Das Vieh, meist geländegängiges Braun- oder Tiroler

Grauvieh, auf die Almweiden treiben, einen Sommer lang hüten und versorgen. Täglich melken, käsen, lagern, die Laibe wenden, transportieren. Dazu den Hof im Tal weiterbetreiben. Ohne Pause. Karin Fender von den Höfen auf Farst ist Bergbäuerin und Wirtin. „Wenn ich mit einer Tasse Kaffee auf der Terrasse sitzen kann, ist das schon Urlaub für mich!", sagt sie. Seit 1300 gibt es den Weiler Farst, dessen Name vom Wort „Forst" abstammt. Er gehört zu den ältesten Siedlungen des gesamten Ötztals. Heute leben hier elf Einwohner auf rund 1500 Metern Höhe im Steilhang, dessen Steigung bis zu 45 Grad aufweist. Warum so weit droben? „Weil drunten im Tal oft Überschwemmungen und Muren abgingen", sagt Karin.

Karin ist Jahrgang 1965. Das hellblonde Haar hat sie zusammengebunden, ihr Blick ist direkt. Karins Jausenstation hat das ganze Jahr offen. Sie stammt aus Umhausen, seit 1984 lebt sie heroben. „Also dreißig Jahr!" Sechs Kühe, drei Kälber, 100 Schafe und 30 Ziegen gehören zu ihrem Hof. Ob sie noch selber käst? „Naa! Bei all den Vorschriften." Trotzdem, Arbeit gibt's genug. Sie macht Rahm und Butter, liefert die Milch aus. Mäht die steilen Wiesen per Hand mit der Sense, manchmal am Seil gesichert wegen der Absturzgefahr.

Wer hier oben auf der Terrasse sitzt und weit ins Tal schaut, glaubt sich über den Dingen. Auch viele Einheimische kommen hier rauf. „Vor allem wegen der Karin", lacht Nachbarin Gabi. Die Karin redet niemand nach dem Mund, das schätzt man. Sogar aus Thailand und China kommen die Gäste, auch wenn sie nicht jedes Wort verstehen, das Karin sagt. Herzlichkeit ist international. Ob es ein schweres Leben ist? „Wir kennen's nur so, da fragt man sich das nicht. Man muss einfach zufrieden sein und nie neidisch. Das hat schon meine Oma gesagt. Solang ich was im Kühlschrank hab und Holz zum Einheizen, geht's mir gut. Was will ich noch?", sagt sie. Wer sie hört, fragt sich das auch.

Ein Stück weiter südlich, wo der lebhafte Touristenmagnet Sölden von sich reden macht, besitzt das Tal eine umso stillere Seite. Ein Serpentinenweg zieht sich durch lichten Fichten- und Zirbenwald bis zur Stallwiesalm auf 1870 Metern Höhe. Ein Postkartenmotiv. Auf der Holzterrasse treffen wir Einheimische. Sie wissen, das Haus ist 365 Tage im Jahr offen und hat auch im Winter bis halb vier Sonne, während Sölden längst tief im Schatten liegt. „350 Jahre alt ist die Alm", erzählt Maria, die zur Wirtsfamilie gehört. Bevor das Licht schwindet, will ich noch auf die Kleblealm.

„Da will ich auch hin", sagt Tischnachbar Anton. Anton Falkner ist Wanderführer aus Längenfeld. Weil er auf der Kleblealm eine Thaya hat, so heißen die Almhütten hier im Ötztal, kennt er den Weg beinahe blind. Unterwegs erzählt er von Gratschen, den Tannenhähern, und Granten – Preiselbeeren. „Die Ötztaler Grant'n sind die besten", sagt er. „Weil sie viel Zucker haben und einen besonderen Boden." Dann biegen wir um eine letzte Kurve – vor uns liegt die Kleblealm. Als wär die Zeit stehen geblieben, lehnen sich ein paar alte Holzhütten an den Hang. Hier könnte man Historienfilme aus dem Stegreif drehen, während gegenüber hoch über Sölden der nagelneue „Ice Q", ein verspiegelter Glaskubus am Gipfel des Gaislachkogels, vor kurzem die Zukunft des Hüttenbaus eingeläutet hat.

Antons Thaya dagegen ist 300 Jahre alt, hat aber Solarstrom. Dazu vier winzige Kammern und eine Kuchl. Die Decke ist niedrig: „Die Leut' waren kleiner früher", sagt er. An den Wänden vergilbte Schwarzweiß-Fotos. Anton als Kind, Anton mit den Eltern, der Hof der Eltern in Längenfeld. Irgendwann will Anton einen Raum als Museum herrichten, sagt er und sammelt bereits altes Gerät zum Ausstellen. Einen Zirmschnaps trink ich noch zur Stärkung, dann muss ich zurück ins Tal. Die Sonne ist bereits hinter dem Geigenkamm verschwunden.

Seit fast 90 Jahren ist das Hochjochhospiz eine feste Größe für Wanderer aus Vent.

HÜTTEN UND ALMEN

Langtalereckhütte, 2430 m
Beliebtes Wanderziel im Gurgler Tal, Stützpunkt für Ziele im Gurgler Kamm und Ramolkamm; von Obergurgl 2 Std., 550 Hm

Hochwildehaus, 2883 m
Hochalpiner Stützpunkt, auf Tuchfühlung mit dem Gurgler Ferner und grandioser Gipfelschau; von Obergurgl 4.30 Std., 1000 Hm

Ramolhaus, 3006 m
Großartige Schutzhütte im hinteren Gurgler Tal, auf einem Felskopf über dem Gurgler Ferner gelegen; von Obergurgl 3–4 Std., 1100 Hm

Martin-Busch-Hütte, 2501 m
Geschichtsträchtiges Schutzhaus am Ende des Niedertals, Ausgangspunkt u. a. für Similaun und Touren im Kreuzkamm; von Vent 2.45 Std., 600 Hm

Brandenburger Haus, 3274 m
Die höchstgelegene Schutzhütte des DAV liegt im Gletschermeer zwischen Gepatsch- und Kesselwandferner; von Vent 6 Std., 1380 Hm, Gletscherausrüstung erforderlich!

Hauerseehütte, 2383 m
Einfache Selbstversorgerunterkunft im mittleren Geigenkamm, am türkisfarbenen Hauersee gelegen; von Umhausen 4 Std., 1350 Hm

Farst, 1482 m
Bergbauernhöfe mit idyllischer Jausenstation in exponierter, aussichtsreicher Hanglage; von Umhausen 1 Std., 400 Hm

Stallwiesalm, 1869 m und Kleblealm, 1983 m
Ursprünglich gebliebene Almen über Sölden, beliebte Ausflugsziele; von Sölden 1.30 Std., 530 Hm bzw. 2 Std., 630 Hm

Hochstubaihütte, 3174 m
Eine der höchstgelegenen Hütten Österreichs und ein einmaliger Aussichtspunkt; der Aufstieg über die „Himmelsleiter" ist ein lohnendes Tourenziel, von Sölden/Gasthaus Fiegl 4 Std., 1220 Hm

Amberger Hütte, 2136 m
Idealer Stützpunkt am Ende des Sulztals in beeindruckender, vom Schrankogel dominierter Gipfelszenerie; von Gries im Sulztal 2–3 Std., 600 Hm

Winnebachseehütte, 2361 m
Schönes Ziel am Fuß des Wasserfalls „Bachfalle", der Aufstieg wird vom Rauschen des Winnebachs geprägt; von Gries im Sulztal 4 Std., 800 Hm

„EPPAS GUETS!" – SCHELFELAR UND SCHNEAMILCH

Das früher karge Tal bot traditionell einfache Gerichte und bis heute ist die Ötztaler Küche bodenständig und naturverbunden. Fleisch oder Gselcht's gab's nur an Festtagen und Weihnachten. Ansonsten bestimmten Milch, Getreide, Erdäpfel – also Kartoffeln – den Speiseplan. Brennsuppn oder a Mues, ein nahrhafter Brei aus Mehl und Milch, waren Grundnahrungsmittel für Menschen, die rund ums Jahr hart arbeiten. In Südtirol nimmt man übrigens Maisgrieß oder Polenta statt Weizengrieß dazu. Traditionell sitzt dann (manchmal heut noch) die ganze Bergbauernfamilie in der Kuchl um die Gusseisenpfanne und jeder sticht mit dem Löffel hinein. Heute ist der Speiseplan wegen der Nähe zu Italien recht südlich inspiriert: Auf den Hütten gibt es häufig Pasta, dazu ein Glasl Roten. Und natürlich Deftiges: Speck- und Kasknödl, Würstl, a Bratle (Braten) und Gulasch, manchmal sogar vom Steinbock. Typisch ist das Ötztaler Lamm, ebenso Spåtzen, Hosnar, das sind Teigfleckerl auf Speckkraut, außerdem Kiachlen, Kråpfen und Ziachkiachl – Germteigknödel mit Preiselbeermarmelade und Staubzucker. Statt Brotzeit nimmt man im Ötztal eine Marend oder die Jausen mit auf den Berg, es gibt sie auch auf Hütten, oft mit Graukas aus magerer Sauermilch, Speck, Brot.

Ehrlich, einfach und typisch sind Gartsuppa (Gerstlsuppe) oder Schelfelar (Pellkartoffeln). Was Siaß' für hinterher ist die Schneamilch (Schneemilch), eine Schichtspeise aus Brot, Milch und Schlagrahm. Auch Epflradlan, Apfelküchlein, sind beliebt. Unbedingt versuchen: Zirbenschnaps. Bitte nicht den künstlich rötlich gefärbten aus der Touri-Kaschemme kaufen, lieber den Wirt oder Einheimische fragen, wo's echten, zimtbraun getönten Zirmschnaps gibt. Aufgrund ihrer besonderen ätherischen Öle, an deren gesundheitsfördernden Inhaltsstoffen die Wissenschaft bis heute forscht, gilt die Zirbe übrigens als Apotheke.

Oben: Wohl verdient nach langer Tour – Spiegelei mit Speck auf der Amberger Hütte.

Mitte: Eine Brettljause der Superlative auf der Stallwiesalm.

Unten: Thomas Pirpamer und sein Team geben dem Hochjochhospiz die gemütliche Atmosphäre.

Rechts: Hoch über Sölden liegt die Stallwiesalm inmitten weiter Wald- und Wiesenhänge.

Seite 74/75: Blick vom Hemerkogel auf den Geigenkamm. Mit düsteren Wolken kündigt sich die nächste Schlechtwetterfront an.

Seite 78/79: Weite pur genießt der Kletterer am luftigen Ostgrat der Wilden Leck.

In vielen Blöcken des Rotmoostales findet man eingelagerte Granate.

Für Fotografen sind die Strukturen der Felsen im Rotmoostal Spielwiese und Herausforderung zugleich.

Felsig und schroff ist der Aufstieg zum Scheiblehnkogel. Ein kalter Westwind bläst über die Gipfel.

An heißen Tagen kann die Gischt des Stuibenfalls für die Klettersteiggeher wunderbar erfrischend sein.

Unter gewaltigen Dächern quert der Lehner Klettersteig Richtung Wasserfall.

Ganz gleich, ob Moosalm-Klettersteig (links) oder Sportklettern in Oberried (rechts), die Felsqualität ist einfach nur gut.

ZWISCHEN MUMM UND MUFFENSAUSEN

„Aui" und „oi" sind die Konstanten im Leben eines Kletterers. Vertikale Wände, Risse und Grate geben Routen, Wege und Linien vor. Nach Lehrjahren im Ötztaler Fels schreiben heimische Kletterkünstler wie Hansjörg Auer, David Lama oder Gerry Fiegl die Alpingeschichte fort. Hier sind ihre Hotspots und Tipps für Kletterer und Via-Ferrata-Fans.

Steile Wände. Für die einen sind sie schroff und unnahbar. Für Felskletterer sind sie ein Sehnsuchtsort, wo sie buchstäblich nach Höherem streben. Zwischen Oetz und Obergurgl finden sich vielfältige vertikale Spielwiesen und Plaisirrouten für Anfänger wie Hardmover. Was ein Hardmover ist? So nennt man Kletter-Cracks, die – mindestens – im achten Schwierigkeitsgrad die Wände hochgehen.

EINE NEUE ÄRA BEGINNT

Einer der Ersten, die das heimische Potenzial – hinsichtlich Mensch und Materie – erkannten, war der Kletterer Reinhard Schiestl. Geboren 1957 in Innsbruck, suchte der studierte Volksschullehrer ab 1985 in seiner Wahlheimat Huben nach neuen Wegen. Um den Sport voranzubringen, kümmerte er sich auch gleich um den Nachwuchs, der dort klettern lernte. Daneben pflegte Schiestl seine künstlerische Ader, zeichnete und dichtete, wie das ihm gewidmete Buch „Der leise Weg" zeigt. Schiestl schrieb Klettergeschichte, seit er Anfang der 1980er-Jahre die ersten Neuner in Tirol eröffnete, und zählte zu den bedeutendsten Sportkletterern und Alpinisten Österreichs. Er durchstieg die großen Nordwände der West- und Ostalpen, wie zum Beispiel den Piz Badile free solo. Auch Felswände in Übersee lockten ihn, wie im Yosemite oder im Himalaya – 1985 reiste er mit Reinhold Messner an die Annapurna, erreichte den Gipfel aber nicht.

Unterhalb der Wurzbergalm, wo Familie Holzknecht Wanderern sommers wie winters eine zünftige Marend auftischt, zieht der sogenannte „Frühstücksriss" durch einen hohen Block im felsigen Talgrund des Köfler Bergsturzes (welcher das Tal verengte und für immer veränderte). An diesem Riss im plattigen Block trainierte bereits die gesamte Ötztaler Kletterelite. Nur ein paar Meter entfernt verläuft ein interessanter Geolehrpfad rund um den lauschigen Winklbergsee, der den Bergsturz erläutert.

Doch zurück zu Schiestl. Keine 40 Jahre alt, verunglückte er 1995 bei einem Autounfall in Umhausen. Der nach ihm benannte Klettersteig an der Burgsteinwand in Längenfeld unterhalb des Gamskogels gehört zu den bekanntesten Klettersteigen in Tirol. Und zu den schwierigsten des gesamten Ötztals. Schon der Anblick ist beeindruckend: Wie mit dem Lineal gezogen steigt die Burgsteinwand senkrecht direkt aus der grünen Wiese auf. Wer hier hoch will, ist idealerweise schwindelfrei, bringt Kondition mit und weiß, was er tut: Leicht überhängend fordert bereits die erste Partie Willen und Können heraus. Denn das sachliche Prädikat „stark exponiert", das im Kletterführer nachzulesen ist, meint nichts anderes als: Hier gibt's jede Menge Luft unterm Hintern. Doch wer Nerven so dick wie das Drahtseil besitzt, das sich durch den gut abgesicherten Felsparcours nach oben zieht, hat diese erste Prüfung bald bestanden. Treuer Begleiter bleibt das flaue Gefühl im Magen, das sich Meter für Meter bemerkbar macht, von Tritt zu Tritt, von Stift zu Stift. Zwischen Mumm und Muffensausen, Adrenalinkicks inbegriffen, flößt lediglich der griffige Granit Vertrauen ein. Rund 200 Höhenmeter legen Klettersteigsportler auf dem Steig zurück, während tief unten die Autos auf der Bundesstraße dahinrauschen ... Ob das komfortable Dahinrollen nicht doch die bessere Fortbewegungsart ist? Wer nach der spannenden Hängepartie schließlich die weiten Wiesen hoch oben auf dem Absatz erreicht, fragt sich das nicht mehr. Sondern fühlt sich wie der König des Ötztals, der – statt fremde Mächte – vor allem den eigenen Schweinehund besiegt hat.

Steiler Zahn: So legendär, wie spektakulär ist der Gendarm am Ostgrat der Wilden Leck.

DAS FÜRCHTEN LERNEN

Mit dem Ötztaler Hansjörg „Hensn" Auer begann im April 2007, als er die Route „Weg durch den Fisch" in den Dolomiten allein und ohne Seil und Sicherung in drei Stunden durchkletterte, ein neuer Stern am Kletterer-Firmament zu leuchten: Der „Fisch" ist eine 37 Seillängen lange, legendäre Linie mit Schwierigkeiten bis 7b+ durch die glatten Plattenschüsse der Marmolata-Südwand. Die einzigartige Leistung schlug sich nicht nur in den Medien nieder, Bergsteigerlegende Reinhold Messner stellt aus Respekt vor der Tat die Ausrüstungsgegenstände Auers im Messner Mountain Museum auf Schloss Sigmundskron in Südtirol aus. Wie sein Vorbild Schiestl ist auch Auer gelernter Lehrer, für die Fächer Mathematik und Sport, hängte den Brotberuf aber 2008 an den Nagel, um sich dem Profi-Bergsport zu widmen. Mit großem Erfolg. Auch seine Brüder Matthias und Vitus – nach ihm benennt er die Route „Bruderliebe" in der Marmolata – teilen die Leidenschaft fürs Vertikale (einer von ihnen hat inzwischen den heimischen Hof übernommen).

Auer weiß: Um echte Herausforderungen zu finden, muss man nicht unbedingt in den Himalaya oder Karakorum reisen, auch wenn er selbst immer wieder dorthin aufbricht. Echte Herausforderungen gibt es auch vor der Haustür. Mitte Februar 2014 wiederholt Auer eine von Schiestl Ende der Achtzigerjahre vorgelegte Traverse: Sie führt zehn ausgesetzte Kilometer lang über den Grat zwischen Gamskogel und Wilde Leck, im Sommer bei Schwierigkeiten bis UIAA vier. Doch das Ganze im Winter, mit Wechten, bei Neuschnee? „Eine echte Challenge", sagt Hansjörg. Das Projekt bringt ihn an seine Grenzen, er benötigt zwei Tage, ist fast 40 Stunden unterwegs und kurz davor aufzugeben. „Es war ein Kampf", sagt er, „eine so schwere Tour hab ich nicht erwartet. Gratklettern gehört zu den mental forderndsten Dingen. Erst recht im Winter und allein." Immer wieder geht er mit Freunden wie David Lama oder Gerry Fiegl klettern, im Gaisbergtal zum Beispiel. Seit zwei Jahren bohrt er mit Freunden ein neues Kletterparadies in Ötzerau ein – bisher ein Geheimtipp. Ganz offiziell gilt der Narrenkogel als Hausberg der Familie Auer. Über sein Tal sagt er: „Ich bin so viel in der Welt unterwegs, dass ich mich daheim einfach über die Ruhe freue." Bevor „Hensn" wieder auf Expedition geht, besucht er seine Familie: „Ohne große Zeremonie, einfach zum Verabschieden. Danach gehe ich alleine – die Mama will das so – zur Kapelle hinter unserem Hof und zünde dort eine Kerze an. Meine Mutter geht dann alle zwei, drei Tage hin und erneuert das alles. Die Flamme darf nicht ausgehen, bis ich heimkomme. Auch am Grab meines Vorbildes Reinhard Schiestl zünde ich vor der Abreise eine Kerze an."

Klettern, bis die Waden surren, die Muskeln brennen, die Unterarme pumpen, der Kreislauf rotiert – bis manchmal die berüchtigte „Nähmaschine" ihren Dienst tut: Das kennt auch David „Fuzzy" Lama. Das vertikale Wunderkind stammt aus Innsbruck, wo er 1990 als Sohn der Innsbruckerin Claudia und des nepalesischen Bergführers Rinzi Lama (aus dem Mount-Everest-Gebiet) zur Welt kam. Mit fünf Jahren beobachtet ihn Himalayaveteran Peter Habeler beim Klettern. Habeler ruft sofort Davids Eltern an: Der Bub habe ein außergewöhnliches Gefühl für den Sport. In Halle und Fels gehört er inzwischen zur Elite, obwohl er selbst meint: „Es geht nicht um die Leistung, es geht ums Erlebnis." Wo liegen also seine Lieblingsrouten? „Überall, wo es Granit und Gneis gibt, der ganz klar die Linien vorgibt. Das macht das Klettern im Ötztal so lässig und besonders. Ich bin gern im Klettergebiet von Oberried. Zwar sind da die Touren nicht so schwer, aber es gibt echt super Risse und Kanten und Dachln."

EINSTEIGEN. AUFSTEIGEN. AUSSTEIGEN.

Die Kletterprominenz weiß längst: Das Ötztal ist das Granitklettergebiet in Tirol und zählt zu den besten Kletter-Hotspots. Der Routenreichtum ist auch dem weite Teile Tirols umfassenden „Climbers Paradise"-Projekt geschuldet, bei dem erfolgreich in die Klettergärten-Infrastruktur investiert wurde: Über 600 Routen und sieben gesicherte Klettersteige bieten „Aufstiegschancen" jeder Couleur. Im Gegensatz zum Wilden Kaiser oder Karwendel, Teile der Nördlichen Kalkalpen, liegt das Ötztal im kristallinen Bereich der Zentralalpen. Das heißt, man findet hier Paragneis und Granitgneis, Glimmerschiefer, Granite und Sedimentgesteine. Im Süden, bei Obergurgl, etwas Marmor, während am Taleingang, am Acherkogel und an der Engelswand, härterer Granodioritgneis vorherrscht. Die 19 Klettergärten zeigen sich variantenreich: Genusskletterer treffen sich etwa in Tumpen, Niederthai oder Nösslach. Familien fühlen sich in Oberried und Tumpen wohl, denn es gibt Bänke, Tische und grüne Wiesen zum Spielen. Könner tummeln sich eher an kräfteraubenden Niederthaier Routen mitten im Wald, Hardmover zieht es Richtung Obergurgl. Die meisten Klettergebiete liegen in Höhen zwischen 900 und 1600 Metern, mit einer Exposition in Richtung Ost oder West.

Das Rauschen der Wassermassen ist ständiger Begleiter am Klettersteig Lehner Wasserfall.

MANCHE MÖGEN EIS

Auch Gerhard „Gerry" Fiegl, Jahrgang 1988, aus Umhausen gehört zur heimischen Klettergilde. Von klein auf mit den Eltern am Berg, beginnt er mit acht Jahren das Hallenklettern. Weil ihm nach drei Jahren keiner mehr was beibringen kann, sattelt er auf Fußball um. Doch das ist ihm auf Dauer „zu horizontal". Also lieber zurück in die Natur: „An schönen Tagen ist es einfach besser, auf einem Gipfel in der Sonne zu sein als im Klettergarten im Schatten!", sagt er, während er auf der Terrasse der Amberger Hütte ins Licht blinzelt. Durch das abgelegene Sulztal steigen wir über einen flachen Moränenrücken in Richtung Wilde Leck auf. Am Rand des Sulztalferners zeigt Gerry auf den Einstieg zum Ostgrat. Dort wollen wir rauf – das nächste Mal, wenn weniger Schnee liegt.

Über Nacht hat es rund 30 Zentimeter geschneit, obwohl es gerade erst Anfang September ist. Tiefer Winter mitten im Spätsommer, nichts Ungewöhnliches in so hohen Lagen. Also ziehen wir weiter, über den Sulztal- und Wütenkarferner. Zwischendurch tun sich magische Blicke auf die Zacken des Geigenkamms auf. Bei einer Nudelsuppe auf der Hochstubaihütte erzählt Gerry aus seinem Sportlerbrevier: „Inzwischen gehe ich Routen bis in den 10. Grad nach UIAA. Einen so hohen Grad zu klettern, ist zwar eine Herausforderung, letztendlich aber Nebensache. Die wahre Motivation ist viel tiefer im Herzen verborgen." Außer Fels- favorisiert er Eis- und Mixed-Kletterrouten. Für ihn ist Eisklettern „keine sinnlose Hackerei, sondern eine sehr ästhetische Bewegungsform, denn Wasserfälle und Eisverhältnisse ändern sich ständig, das macht es so interessant." Klar sei da auch ein gewisses Risiko dabei. Das sei ihm bewusst. Gerry hat in Innsbruck Meteorologie studiert, seit 2008 ist er Bergführer, zudem Bergretter, seit 2014 bildet er selbst Berg- und Skiführer aus. Im Winter arbeitet er als Skilehrer in Obergurgl. Für seine kühnen Klettertouren reist er durch die ganze Welt. „Eisklettern kann man an über 20 Wasserfällen im Ötztal", weiß er. „Auch direkt vor der Haustür. Oder rund um Längenfeld, zum Beispiel die ‚Liftspur' – auch wenn sie mich schon mal 20 Meter tief abgeworfen hat", lacht er. Doch nach drei Wochen Humpeln war alles wieder okay. Worin liegt für ihn die Faszination von Routen wie „Fritz Phantom" am Fuß der Peerlerkögel oder von „Zwei Welten", einem Labyrinth aus Eiszapfen hoch über Tumpen? „Es ist immer wieder ein cooler Moment, wenn du dich von der steilen, leisen Welt in die flache, laute Welt abseilst und freust, dass die Linie so schön aufgegangen ist", erzählt er. Was Tipps angeht, plaudert Gerry gern mal aus dem Nähkästchen: „‚New Life' in der Nähe von Runhof und ‚Pokerface' bei Astlehn zählen zu den schwersten Wasserfällen. Wenn da über Nacht das Eis an den Felsen wächst, ist das Frischfleisch für Pickler."

Zum Felsklettern gibt es für ihn kaum „a scheanars Platzle" als den Märchenwald in Niederthai. „Mit einem guten Grundniveau kann man dort unzählige Stunden am Fels verbringen und es gibt wahrscheinlich in ganz Tirol wenige Kletterspots, die so ruhig und harmonisch sind wie die Blöcke vom Köfler Bergsturz. Sofern man bei Routen vom achten Schwierigkeitsgrad an aufwärts noch von Harmonie reden kann", lacht er.

In der 500 Meter hohen Kristallwand am Kirchenkogel in den Hinteren Ötztalern gelang ihm im September 2014 zusammen mit Hansjörg Auer in neun Stunden nervenzermürbender Kletterei die Erstbegehung der Route „The Music of Hope", die Hansjörg im Winter bereits mit David Lama probiert hatte, eine überhängende Verschneidung im rechten Teil der Wand, an der sich 60 Jahre zuvor auch Hermann Buhl schon versucht haben soll. Der Einsatz von Bohrhaken war für die beiden tabu. Nichts für schwache Nerven … Einsteigern ins Alpinklettern empfiehlt er die Mehrseillängen von Nösslach, weil der Fels dort – im Gegensatz zur Kristallwand – bombenfest ist. Ein letzter Geheimtipp? Die Mutterberger Seespitze und der Innere Hahlkogel – „Da aber dann besser mit Bergführer …"

Plattiger Genuss über zwölf Seillängen: die Route „Heimspiel" am Hahlkogel

INFO-SPECIAL KLETTERN

Sportklettern

Klettergarten Oetz – liegt am Ortseingang im Steinbruchambiente, 44 Routen, 2 neue extra für Kinder errichtete Sektoren (kürzere Hakenabstände), unterer bis mittlerer Schwierigkeitsbereich, Routen von 3 bis 9

Klettergebiet Tumpen-Engelswand – für Anfänger, Familien und Genusskletterer, 75 Routen von 3 bis 10–, steigt direkt aus der Wiese auf, mit Picknickplatz

Klettergarten Niederthai – für Könner und Hardmover, 122 Routen auf großen Granitblöcken von 5 bis 11, schön im Wald gelegen

Klettergarten Oberried – für Familien, 139 Routen von 2 bis 9, talnahes „Familienklettergebiet" mit breitem Routenspektrum

Klettergarten Astlehn bei Längenfeld – 11 Routen von 7 bis 10–, hier wurde Klettergeschichte geschrieben

Klettergarten Moosalm, Sölden – Geheimtipp für Genusskletterer, 32 Routen von 3 bis 8+, viele Möglichkeiten in den unteren/mittleren Schwierigkeitsgraden

Klettergarten Au bei Längenfeld – 38 Routen von 4 bis 9, kurzer Zustieg, plattige Kletterei, familienfreundlich

Klettergarten Nösslach, Mauracher Schlucht – Geheimtipp für Genusskletterer, 65 Routen von 5 bis 10–, schattige Granitwand mit guter Kletterqualität

Klettergarten Rammelstein – sehr familienfreundlich, 25 Routen von 4 bis 9, ein eigens angelegter Sektor für Kinder (kürzere Hakanabstände) wird im Frühjahr 2015 fertiggestellt.

Mehrseillängenrouten

Nösslachwand: neun Routen mit jeweils sieben Seillängen, u. a. „Südwind" (6+), „Caipirinha" (7), „Sonnenblume" (6), „Träumerei" (7–), „Strada del Sole" (7), „Utopia" (8–)

Burgstein: „Schwarze Mauer" (8) und „Schwalbennest" (7)

An der **Engelswand** in Tumpen sowie im Klettergarten **Moosalm** (Sölden) gibt es ebenfalls jeweils drei Mehrseillängenrouten.

Klettersteige

KST Stuibenfall (Umhausen): familientauglicher Sportklettersteig, Schwierigkeit: C, Dauer: 2.30 Std.

KST Lehner Wasserfall (Lehn): Für Anfänger und Geübte, Schwierigkeit: B/C, Dauer: ca 2 Std.

KST Moosalm: Kurzer KST für Einsteiger, Schwierigkeit: C, Dauer: ca. 1.30 Std.

KST Schwärzenkamm: Für Erfahrene, Schwierigkeit: C, D, Dauer: 7.30 Std.

KST Obergurgl-Zirbenwald: Familientauglich, Schwierigkeit: C, Dauer: 2.30 Std.

KST Reinhard Schiestl (Burgstein): Der Klassiker, Schwierigkeit: D, Dauer: 2.30 Std.

KST Kühtai Panorama (Oetz): Für Könner, Schwierigkeit: C, D, Dauer: 3 Std.

Alpin-Klettern

Acherkogel: ab Mittertaler Scharte, Schwierigkeit: I und II, manche Stellen bis III

Wilde Leck: ab Hochstubaihütte oder Amberger Hütte, Ostgrat, Schwierigkeit: III–

Bachmanngrat/Hahlkogel: ab Hahlkogelhaus, Schwierigkeit: III bis III+

Fünffingerspitzen-Überschreitung: ab Längenfeld, Schwierigkeit: IV

Gänsekragen: ab Winnebachseehütte, Schwierigkeit: III

Hahlkogel: Neben den selten begangenen Klassikern gibt es dort jetzt mit „Heimspiel" (6+) und „Untauglich" (7–) auch zwei moderne Routen.

DER ÖTZTALER DIALEKT IST WELTKULTURERBE

„Dr Etztolar Dialekt isch oafach was bsundars", sagt man im Tal. Und: Er hat sogar eine eigene Facebook-Seite. „Etztolarisch wead vo 8.000 bis 15.000 Sprechan gredd", heißt es auf der eigenen Wikipedia-Seite. Weil er „identitätsstiftend" sei, so die Begründung, gehört der Dialekt seit 2010 zum immateriellen UNESCO-Kulturerbe. Ebenso wie die „Schafschoad" oder Transhumanz übrigens, jene uralten Schafübertriebe vom Schnals- ins Ötztal, die 2011 aufgenommen wurden. Weil viele Ältere und auch die Jungen bis heute Mundart sprechen, ihre Sprache leben, formen, verändern, bleibt sie so lebendig. Forscher haben herausgefunden, dass die alte Sprachform, die phonetisch teils aus dem 12. Jahrhundert stammt, vor allem in der Talmitte rund um Längenfeld und Umhausen besonders ursprünglich ist. Aufgrund der langen Abgeschiedenheit haben sich in den Seitentälern erkennbare Abarten gebildet und während man am Taleingang Einflüsse aus dem Südbairischen heraushört, klingen am Talende vor allem Südtiroler und rätoromanische Töne und Silben an. Die Wurzeln des mündlichen Gebrauchs liegen 900 Jahre zurück, seit über 200 Jahren findet der Dialekt auch Eingang in die Schriftsprache. Der Ötztaler Volkskundler und Schriftsteller Dr. Hans Haid hat wesentlichen Anteil, dass die Ötztaler Mundart zum immateriellen Kulturerbe der UNESCO erklärt wurde. Der Name Haid gehört übrigens zu den häufigsten Namen im Tal, ebenso wie Gstrein, Klotz, Scheiber, Schöpf, Eiter, Auer, Riml, Falkner, Fiegl, Haid, Ennemoser und Grüner.

SPRACHBEISPIELE:

Brenta – Talnebel, Raureif
Ergetog – Dienstag
Etz – ein geschlossener Weideplatz, auf dem man Vieh weiden oder „etzen" lässt
Etztol – Ötztal
Furmenta – Murmeltier
Gameza – Gams
Gawindta – Schneewechte
genondr – miteinander
Goaße – Geiß
Gonda – Steilhang
Grantn – Preiselbeeren
Gregelar – Schwächling
Gronsnar – Schlitten
Guggar – Fernglas
hale – glatt, rutschig
Kchacha – Kirsche
Krucka – Rodel
Lenar – Berghang
Lenen – Lawine
Olkachen – Johannisbeeren
Pfinztog – Donnerstag
Pille – Heustadl
riawig – ruhig
salm – wenn das so ist
Tatte – Vater
Thaia – Hütte
tüe a raschtle – ruh dich aus

Links: Schon zu Lebzeiten eine Legende: Hans Haid in seinem Haus in Ötztal Bahnhof

Rechts: Auch die Abgeschiedenheit mancher Orte, wie hier Farst, trägt dazu bei, den Ötztaler Dialekt zu bewahren.

Seite 92/93: Frühmorgens im Frühwinter am Kesselwandferner

Lotsen in der Landschaft: Steinmänner, wie hier am Brunnenkogelkamm, findet man in fast allen Gebirgen der Welt.

Finale an der Fineilspitze: Das Gipfelkreuz sagt dir, wenn du wirklich oben bist.

Wegweiser, Stangen, Steinmänner: zuverlässiges Geleit zum Ziel

Geschichtetes Kunstwerk: Am Eiskögele markiert die Steinsäule den höchsten Punkt.

Hinunter zur Leiter Alm führt einer der schönsten Single-Trails des Ötztals.

Die Stabelealm hoch über Längenfeld ist nicht nur bei Insidern ein beliebtes Bike-Ziel.

DIE ZEICHEN DER ZEIT

*Vom Kennzeichen zum Kunstobjekt:
Wegweiser, Markierungen, Gipfelkreuze und Steinmandl sind nicht nur eine „Gebrauchsanleitung für Berge" – sondern auch Kulturgut mit Charakter, das über Menschen und Orte erzählt.*

„So ein Kreuz!", sagt man auf Bayerisch-Tirolerisch, wenn man von einer rechten Schinderei spricht. „A so a Kreiz", das haben wohl auch jene Bergsteiger gesagt, die 2010 das neue Kreuz auf dem Gipfel der Wildspitze in 3768 Metern Höhe aufstellten. Zwar wurde es dieses Mal per Heli dort hinaufgeflogen, anders als 77 Jahre zuvor, als das ursprüngliche Kreuz von 1933 in Teile zerlegt und eigenhändig raufgetragen wurde. Hätte dieser erste Statthalter reden können, er hätte Bücher und Leinwände gefüllt mit unzähligen Dialogen, Szenen und Gefühlsmomenten gesamter Bandbreite. Auch wenn es wohl immer ähnliche Szenen waren, die in allen Sprachen der Welt von Triumph und Trost, von Furcht, Freude und Erleichterung erzählen. Denn: „Jetzt bist du wirklich oben", sagt das Kreuz. Es ist ein Augenblick, an den sich jeder erinnert, wenn man wirklich endlich oben ankommt. Ein emotionaler Moment der Befreiung – so wie bei uns im Sommer 2012, als sich ein Team von zwölf Leuten aus Italien, Schweiz, Frankreich, Polen, Deutschland und Österreich unter dem Wildspitzkreuz in die Arme fiel. Geschafft. Als Lorenzo aus Bologna, der gerade das erste Mal seines Lebens über Gletschereis marschiert war, nach ersten stummen Momenten die Sprache wiedererlangte, schaute er auf die verschneiten Bergketten und sagte: „Das hier ist das Schönste, was ich je gesehen habe." Dann überlegte er: „Wenn ich es sogar hier herauf geschafft habe, schaffe ich vielleicht noch ganz andere Dinge im Leben!?" So ein Gipfel kann weit mehr als nur den höchsten Punkt markieren.

Weil das alte Kreuz gelitten hatte unter Unwettern, Blitzschlägen und Rost, musste 2010 ein neues her: aus Nirosta-Stahl, 420 Kilo schwer, in Handarbeit geschaffen vom Ötztaler Kunstschmied Peter Praxmarer aus Umhausen. Er führt die Schmiede, ältester Handwerksbetrieb am Ort, in der dritten Generation. Eine Tafel am Fuß des Kreuzes trägt die Inschrift „Gelobt sei Gott, sein sind die Gipfel der Berge". Selbst wer nicht gläubig ist, hier oben könnte er's werden. Das ausgediente Kreuz steht heute als Veteran im Tal. Am einzigen Punkt übrigens, von dem man auf den Gipfel des höchsten Bergs Nordtirols schauen kann. Er liegt am Wanderweg entlang der Rofenache zwischen Rofen und Vent. Vielleicht kommunizieren die beiden Kreuze in ihrer Blickachse stumm miteinander, wer weiß? 1848 wurde die Wildspitze von Leander Klotz aus Rofen erstbestiegen, bis heute leben seine Nachkommen auf den uralten Höfen.

Auf dem Gipfel des Similauns: was für ein Wintertag!

WO SICH DIE LINIEN KREUZEN

Ein Kreuz ist ein Zeichen – es taktet die Tour und setzt einen Punkt hinter den Anstieg. Es beweist, dass man jetzt wirklich oben ist, an jenem fernen Punkt, den man schon vom Tal aus erblickte. Zu dem man sich die letzten Stunden heraufgequält hat – so gesehen für manche eine Art Kreuzweg. Oben sein heißt, den Berg bezwungen haben. Oder vielmehr sich selbst. Oben sein, das bedeutet ein immerwährendes Ritual: ein Gipfelgruß (um den vor einigen Jahren hinlänglich gestritten wurde), ein Stück Gipfelschokolade, ein Gipfelschluck. Gern auch ein Gipfelbussi. Oder zwei. Ein Eintrag ins Gipfelbuch. Natürlich ein ausgiebiger Gipfelblick mit Gipfelpanorama – und überhaupt: Gipfeleuphorie. Übermütige steigen auch noch dem Kreuz aufs Dach. Macht rund zwei Höhenmeter mehr im Tourenbuch.

Gipfelkreuze gibt es erst, seit der Alpinismus im 19. und 20. Jahrhundert zu florieren begann. Eines der ersten Kreuze Österreichs bekam der Großglockner. Nach dem Krieg bedankten sich die Menschen mit Heimkehrerkreuzen, wie auf dem Gamskogel in

2815 Metern Höhe bei Längenfeld. Außerdem gibt es Ersatzkreuze wie auf dem Acherkogel, Gedenkkreuze, Dankes- und Freundschaftskreuze – oder einfach Kreuze, weil sie schön sind. Es gibt Gletscherkreuze am Rand von Eisfeldern, auf dass dieser nicht weiter vorstoßen möge. Manchmal zieren sie tibetische Gebetsfahnen wie auf der Kraspesspitze in Nähe der Schweinfurter Hütte. Manchmal genügt ein einfaches Holzkreuz, grafisch wie ein Pluszeichen, wie am Lauser über der Hohen Warte, während die Spitze der Weißkugel ein monumentales Kreuz schmückt. Ein dreifach quergestrichenes wie auf dem Wetterkreuzkogel symbolisiert die drei Gewalten: die Priester-, Hirten- und Lehrgewalt. In den Westalpen findet man übrigens statt des Kreuzes meist eine Madonna auf dem höchsten Punkt.

Sehr viel älter als Kreuze sind die Steinmandl dieser Welt, die in allen Regionen zu finden sind. In Norwegen heißen sie Gravrøys, bei den Inuit von Kanada Inuksuk. Die zu Haufen geschichteten Brocken, in kunstvoller Mini-Architektur ineinander verkeilt, haut so schnell nichts um, sie trotzen Wind und Wetter, geben Orientierung in unwegsamem Gelände und haben so vielfach Menschenleben gerettet. Denn, was tun, wenn farbige Markierungen in steinernen Meeren schlichtweg untergehen, bei Nebel nicht zu sehen oder einfach zugeschneit werden? Dann muss ein Steinmandl her. Manchmal ersetzen sie sogar ein Gipfelkreuz wie oben auf dem Eiskögele bei Gurgl oder sie haben religiöse Bedeutung. Wie bei ihren fernen Verwandten, den Chörten in Nepal, legen Wanderer als Brauch manchmal einen Stein dazu, so dass die Mandl eher Pyramiden ähneln. Ein Stück LandArt in der Wildnis.

WENN FUNDSTÜCKE VOM LEBEN ERZÄHLEN

Nach Ende der Würm-Kaltzeit um 10.000 vor Christus und mit Beginn der Mittelsteinzeit kamen erstmals Jäger und Sammler in die eisfrei gewordenen Gebiete der Alpentäler. Auch im Ötztal fand man Silexartefakte und alte Holzkohle. 16 mittelsteinzeitliche Funde dokumentieren frühes menschliches Leben, entgegen der verbreiteten Annahme, dass die Alpen zu dieser Zeit großräumig gemieden wurden: zum Beispiel im Längental bei Kühtai, nicht weit davon an der Dortmunder Hütte, oder auch am Timmelsjoch, das noch vor dem Brenner urkundlich als alpiner Übergang erwähnt wurde. Belegt ist, dass die Übergänge am Timmelsjoch ins Passeiertal oder am Gurgler Eisjoch und Hauslabjoch ins Schnalstal bereits seit Tausenden von Jahren genutzt werden.

Am Beilstein in Obergurgl entdeckte man Spuren, die auf uralte menschliche Aktivitäten zurückgehen, ebenso im Raum Vent, im Raum Gurgl und im inneren Schnalstal. Ein Jägerlager bei Vent datiert auf 7600 vor Christus, also auf 5000 Jahre vor dem Mann aus dem Eis. Seit mindestens 5000 Jahren werden Schafe aus dem Vinschgau im Rahmen der Transhumanz nach Norden getrieben, um dort den Sommer auf den Hochweiden zu verbringen und im Herbst wieder nach Südtirol zurückzukehren. „Fende", wie der Ort Vent in alten Zeiten genannt wurde, war von prähistorischen Jägern und Hirten der Steinzeit als Stützpunkt besiedelt worden. Auf den Pfaden der Steinböcke und Gämsen folgten Jäger und Hirten, zogen im Sommer höher, im Winter tiefer, ein Prinzip, das die Menschen bis heute leben. Lange nach den Steinzeitmenschen kamen die Räter, dann die Venosten, ein keltischer Stamm aus dem Vinschgau (italienisch: Val Venosta), die das hintere Tal besiedelten, während die Breonen am Taleingang und an den Hängen um Oetz und im Inntal lebten, bis sie von den Römern unterworfen wurden. Milchwirtschaft spielte ab dem 13. Jahrhundert eine große Rolle und gab den Hirten eine wichtige und respektable Stellung. Im Mittelalter gehörte das Land im Tal überwiegend dem bayerischen Herzogtum an, ging später in den Besitz der Grafen von Tirol und in die Herrschaft der Bischöfe von Trient und Brixen.

WER SCHREIBT, DER BLEIBT

Spuren hinterlassen. Ob es der Aufkleber am Gipfelkreuz ist oder die Initialen in der Baumrinde, das Gruppenfoto auf Facebook, der Staudamm im Wildbach oder das Steinmandl am Wegrand: Wir Menschen setzen Zeichen, auch, um uns unserer selbst zu versichern. Wer bei seinen Wanderungen durchs Ötztal genau hinschaut, kann sehen, dass das auch früher so war. Wenn auch unsere Vorfahren meist religiöse Motive oder schlichtweg funktionelle Gründe mit dem Gestalten der Natur verbanden. Das beweisen Schalensteine, kleine Mulden und Vertiefungen in waagerechten Felsbrocken, ausgeschabt von Menschenhand, meist um eine Opfergabe darzubringen. Schalensteine finden sich im ganzen Ötztal, vom Eingang bis nach Vent und Obergurgl, oben am Tisenjoch, auf der Hinterbergalm, bei Sölden, am Eingang zum Windachtal und im Windachtal selbst. Als Kultplatz ist ein Steinkreis bei Heiligkreuz im Venter Tal bekannt, bei Sautens befindet sich ein Opferstein, auf dem Burgstein ein Quellheiligtum mit steinzeitlichen Wällen. Am Weg ins Niedertal findet sich am Kaser ein männlicher Kultstein aus der Jungsteinzeit. Daneben eine Steinsitzrei-

Lang, variantenreich und lohnend ist der Übergang aus dem Venter Tal über das Ramoljoch zum Ramolhaus.

he mit Menhiren, eine Steingasse und ein weiblicher Kultstein. Das Setting regt die Fantasie an: Welch mythische Szenen sich hier wohl vor dem Hintergrund des ebenso mythischen Similauns, dessen Namen manche als den weißen Berg der Himmelsgöttin Ana deuten, abgespielt haben? Für eine Webcam in die Vergangenheit gäbe man all die gut gemeinten Hollywood-Fantasien zusammen her . . .

WEGE IN DIE VERGANGENHEIT

Eine Reise in die Vergangenheit sind auch die Waalwege – vom Menschen angelegte, hochalpine Wasserleitungen, um tiefer gelegene Acker- und Wiesenböden bewässern und damit nutzen zu können. Technisch ausgeklügelt und manchmal kilometerlang leiteten sie Schmelz- und Regenwasser zu den Almböden. Bis heute sind einige der Kanäle aus Holz oder Stein noch intakt oder gut restauriert. Weil das Gefälle dieser Waalwege naturgemäß eher gering ist und Wasser sowieso ein rundum spannendes Element für Kinder ist, sind die Routen entlang der Waale besonders bei Familien beliebt. Der Köfler Jochwaal ist eine alte Bewässerungsanlage auf 2000 Metern Höhe, die im 15. Jahrhundert errichtet wurde und damit eine der ältesten Anlagen im Tiroler Oberland. Sie führte das Schmelzwasser des Ploderferners über das Schartl auf die Wiesen von Köfels. 1860 wurde der Waal aufgelassen, 2005 wieder instand gesetzt. Der Arzwinkelwaalweg startet an der Niederthaier Landesstraße und führt am Horlachbach zum Waldcafé Stuböbele und weiter zum Stuibenfall.

Ein anderer Transportweg für wertgeschätzte Flüssigkeiten sind die Saumwege des Tals, auf denen unter anderem Weinfässer über die Jöcher getragen wurden. Dem „kleinen Grenzverkehr“ setzt heute ein überdimensionierter Würfel an der Straße ein Denkmal, dort, wo ehemals der Fußweg von Zwieselstein nach Moos in Passeier verlief. Im Inneren informieren Tafeln über den für damalige Verhältnisse hochfrequentierten Pass. Historiker nehmen übrigens an, dass die Randbereiche des Ötztals lange vor dem Talboden besiedelt wurden. Daher spielen die Saumwege in sämtliche Nachbartäler eine große Rolle, nicht nur die von Süd nach Nord: Vom Horlachtal führt ein alter Übergang nach Osten übers Gleirschjöchl ins Gleirschtal im Sellrain. Die sogenannte „Breite Scharte“ wird heute nicht mehr begangen. Man nimmt an, dass über sie Bajuwaren als „Zugereiste“ nach Niederthai kamen, die heutigen Höfe datieren bis ins 15. Jahrhundert. Und natürlich entwickelte sich entlang der alten Trampelpfade der Schafe und Hirten auch ein Austausch von Gütern, Dingen und Sprache in Süd-Nord-Richtung ins Tal hinein.

Im Sommer gibt es auf den Ötztaler Almen noch immer Gegenden, wo man mehr Schafe als Menschen trifft. Sie tragen Markierungen wie farbige Streifen oder Punkte auf dem Rücken, manchmal in den italienischen Landesfarben, manchmal in Blau-Rot, Grün oder Gelb. An diesen Zeichen erkennen die Bauern ihre Tiere bei der herbstlichen „Schafschoad“ im Schnalstal, wo die wolligen Heimkehrer nach der Sommerfrische voneinander getrennt werden.

In manch abgelegenen „Ötz-Tälern“, wie dem lauschigen Rotmoostal mit seinen hängenden Gletschern oder dem herrlich „abseitigen“ Fundustal, mag man sich beinahe wie der allererste Mensch fühlen. Umso erstaunter ist man, wenn man genau dort auf alte Spuren trifft. Ein solch alter Weg ist der Knappenweg, der von Hochoetz ins Wörgetal führt. Hier verraten Trockensteinmauern und befestigte Wege die Präsenz früherer Kulturen. Wer sich schließlich über die durchgängig steile Waldstufe auf eine Höhe von rund 2000 Metern hochgearbeitet hat, tritt auf eine weite Lichtung, bestanden von Zirbenwald. Die raumgreifende Stille hier oben täuscht darüber hinweg, dass in der Nähe des winzigen Puchersees vor 350 Jahren eifrig Bergbau betrieben wurde. Bis zu 450 Knappen förderten im 17. Jahrhundert Erz aus dem nahen Stollen.

TOURENTIPPS

Waalwege

Köfler Jochwaal: in 2100 Metern Höhe im Fundustal bei Umhausen gelegen. Start in Köfels, 5 Std., 800 Hm

Waalweg Arzwinkel/Stuibenfall: bildet den ersten Teil des „Wasserläufers" Stuibenfall. Der 1 km lange, mit Kinderwagen befahrbare Weg startet an der Niederthaier Landesstraße und führt am Horlachbach zum Waldcafé Stuböbele, 1 Std. 150 Hm

Historische Wege und Saumwege

Archäologischer Rundwanderweg Obergurgl

Von Obergurgl über Davids Hütte und den Obergurgler Zirbenwald (Stele 1) hinunter zur Brücke und bergauf zum Beilstein (Stele 2). Dann steiler hinauf zur restaurierten Küppele-Almhütte (Stele 3) und zum höchsten Punkt der Rundwanderung auf 2550 Metern Höhe unterhalb des Lehnerkars. Entlang des Weges talauswärts Richtung Seenplatte, vorbei an der Einfriedung Haglen (Stele 4), bis zur Abzweigung am Sohm hinunter Richtung Obergurgl (Stele 5); in Serpentinen hinab nach Obergurgl und über die Pirchhütter Achbrücke (Stele 6) zurück nach Obergurgl; 6–7 Std., 550 Hm

Archäologische Wege zwischen Nord- und Südtirol

Im Rahmen eines grenzüberschreitenden, partnerschaftlichen Projektes zwischen Vereinen in Nord- und Südtirol wurden 17 archäologische Wandervorschläge ausgearbeitet und als Sammelmappe „Auf den Spuren des Mannes im Eis" veröffentlicht. Entlang von Kupferstelen führen die Urwege in Ötztaler und Schnalstaler Hochgebirgslandschaften, wie zum Beispiel über Hochjoch, Niederjoch, Gurgler Eisjöchl und Timmelsjoch.

Knappenweg Oetz

Von diversen Ausgangspunkten wie Kühtai, Ochsengarten oder von der Bergstation der Acherkogelbahn führt der Weg ins einsame Wörgetal, 6 Std., ca. 500 Hm je nach Variante. Infos: www.knappenweg.at

Oben: Hoch über dem Ötztal erreichen wir am 2616 Meter hohen Lauser den Oltrogge-Weg.

Mitte: Das Ötzi-Denkmal am Hauslabjoch – es ist tatsächlich ein magischer, myythenreicher Ort.

Unten: Vor der Kulisse des Acherkogels geht es auf dem Oltrogge-Weg Richtung Bielefelder Hütte.

Was machen, wenn die Gletscher immer weiter schmelzen und sich das gesamte Ötztal frei nach dem Motto „nix ist fix" stetig und rasant verändert? Wenn der „Hannibal von heute" mit Pistenraupen und Lightshow über den Gletscher hinauf motort und die Einheimischen mit den Gästen in bestem Schriftdeutsch sprechen müssen, um verstanden zu werden? Im Juni 2013 eröffnete der Gedächtnisspeicher Ötztal, eine Art Museum mit dem Ziel, das kulturelle Erbe zu erhalten, zu sammeln und zu erforschen, kurz um „das Gedächtnis des Tales zu dokumentieren", wie die Leiterin Ingeborg Schmidt-Mummert sagt. Das Haus „Lehn 23b" in Längenfeld will keine Adresse für den Massentourismus sein, sondern Archiv, Depot und zugleich lebendiger Umschlagplatz zum Austausch von Geschichten. Hier finden Fund- und Erbstücke, Zeugnisse, Bücher, Fotos, Dokumente und auf Tonbändern Erzähltes eine ständige Heimat. Das „Ofnbonkpalaver", also das gemütliche Beisammensein beim Plauschen, ist aktiver Teil des Projekts. Auch ein detaillierter Rückblick auf die teils wechselvolle Geschichte der Ötztaler Hütten ist hier nachzulesen. Denn wer seine Vergangenheit kennt, hat einen anderen Blick auf die Zukunft.

Nebenan liegt das Ötztaler Heimat- und Freilichtmuseum, das das karge, bäuerliche Leben im Ötztal, seine Arbeitswelt und den Lebensstil bis in die Fünfzigerjahre des 20. Jahrhunderts hinein zeigt. Die originalen Ötztaler Gebäude beherbergen Werkzeuge und Geräte, die längst aus dem heutigen Alltag verschwunden sind.

Wer spannende Morgenstimmungen liebt, muss einfach nur auf die Terrasse der Frischmannhütte gehen und den Blick über die Gipfel der Stubaier Alpen schweifen lassen.

Seite 108/109: Der Wind ist Baumeister von Wechten und Lawinen: einsame Skispur am Gurgler Kamm

Seite 110/111: Im letzten Sonnenlicht geht es hinunter zum Skidepot am Similaun.

Seite 112/113: Der lange und sanfte Rücken der Hohen Mut ist ein ideales Schneeschuhrevier. Im Hintergrund Granatenkogel, Hochfirst und Liebener Spitze

Wer unverspurte Hänge sucht, muss früh aufstehen: Aufstieg zum Vorderen Seelenkogel (oben links), zu Fineil-spitze (oben rechts), Pirchkogel (unten links) und Similaun (unten rechts)

Geniale Schneeflanken am Eiskögele. Glück, wenn man sie unverspurt erleben darf!

Ein großartiger Tag an der Essener Spitze. Wir blicken zurück auf unsere Spuren im Ferwalltal.

Die nordseitige Abfahrt von der Finstertaler Scharte verspricht lange guten Schnee.

An einer warmen Hüttenwand im Horlachtal macht die Rast gleich noch mehr Spaß.

Jeder Wintertag hat seine eigene Stimmung: Aufstieg zum Pirchkogel (links oben), zum Wetterkreuzkogel (rechts oben), am Kamm der Hohen Mut (links unten) und Abstieg von der Larstigalm in Richtung Niederthai

WENN ES SCHNEIT

Wenn der Winter ins Ötztal zieht
und die Berge zwischen Weißkugel und Wetterkreuzkogel in weiße Schichten packt,
fällt der langersehnte Startschuss für Tourenfans, die schönste Farbe der Natur
„in natura" zu erleben. Zu Fuß, auf Skiern oder mit der Rodel.

Schritt für Schritt vorwärts, immer weiter ins weiße Nichts. Nur das rhythmische Klicken der Skibindung dringt durch die Stille, der eigene Atem, der Wind in den Ohren. Meter für Meter steigen wir hinauf in den Nebel, ein allesumfassendes Whiteout, das alle Schatten, Konturen und Silhouetten verschluckt. Höher und höher steigt die lange Karawane in der Serpentinenspur. Denn es ist wieder so weit. Wie jedes Jahr im März steht das traditionelle Abfahrtsrennen der HTG (Hochtouristengruppe) München an. Das Prozedere ist ebenso einfach wie Spaß versprechend: Per Skitour geht es gemeinsam auf einen Wintergipfel, bevor sich die komplette Truppe auf Kommando in die Tiefschneehänge talwärts stürzt. Wer Sieger wird? Ganz einfach: Wer zuerst unten ist, hat gewonnen.

In diesem Jahr pilgern rund 50 Leute – auch die Jungmannschaft der HTG ist dabei – vom Talort Gries per Ski auf die Amberger Hütte. Das bedeutet: Zwei Stunden gemütliches Hatschen und Ratschen auf dem Forstweg am Fischbach entlang, erst durch tief verschneiten Bergwald, dann über Almen und Hänge, vorbei an der Vorderen und Hinteren Sulztalalm. Schon dieser Zustieg zur Amberger Hütte offenbart eine spektakuläre Hochgebirgsszenerie, auch wenn er wegen Lawinengefahr manchmal gesperrt ist. Natürlich trägt jeder ein LVS-Gerät am Körper. Ein kurzer Piepstest, dann marschiert die Karawane los.

Unter Skitourengehern gilt die Amberger Hütte als „sichere Bank". Mit 2135 Metern Höhe liegt sie strategisch günstig zu Füßen dick verschneiter, watteweicher Schneeflanken. Rund 20 Skitouren und Dreitausender in allen Richtungen listet die Hütten-Homepage: Sogar für verwöhnte Schneesportler ist das ein reich angerichtetes Buffet. Und einer der Paradegipfel, die 3189 Meter hohe Kuhscheibe, ist Ziel des diesjährigen Abfahrtsspektakels.

Abends auf der Amberger Hütte. Nach dem üppigen Essen packt einer der Skikameraden die Gitarre aus, dazu rotzfreche Songs, die Stimmung brodelt. Sogar Hüttenwirt Serafin Gstrein schaut immer wieder rein, freut sich mit der lauten Bagage. Eine kurze Nachtruhe, ein schnelles Frühstück, dann wird's ernst. In Gruppen spuren wir zur Kuhscheibe auf, auch Kuhscheibenspitz genannt. 1000 Höhenmeter macht das, rund drei Stunden braucht ein Tourengeher dafür. Dicker Nebel wabert durchs Sulztal, doch der Laune tut das keinen Abbruch. Erst geht es im Zickzack eine steile Talstufe hinauf, dann über sanftes Moränengelände, bis wir den harmlosen Rosskarferner in einem weiten Linksbogen erreichen. Darüber steht der 3189 Meter hohe Gipfel. Am kurzen Blockgrat frischt der Wind auf, stürmische Böen fegen über den Kamm und wischen die Wolken einfach weg. Es ist, als ob eine imaginäre Hand für einen Moment den Vorhang hebt, dahinter erstrahlt eine ganz neue Welt in jungfräulichem Weiß. Wie sphärisch! Wolkenfetzen wabern herum. Wir erhaschen einen Blick auf den mächtige Schrankogel im Osten – von manchen liebevoll „die Schrankwand" genannt, ein Vergleich, den die brettartige Südwestflanke des Bergklotzes durchaus nahelegt. Nichts als samtige, unverspurte Hänge, die sich fließend elegant wie ein Faltenwurf um den Bergsockel drapieren. Ein nächstes Skitourenziel, womöglich? Bei starkem Wind ziehen wir die Felle ab, in alle Richtungen flattern die Streifen. Noch schnell die Skibindung umrüsten, dann reihen wir die Ski entlang der imaginären Startlinie im Schnee auf. „Truppenchef" Herbert gibt knapp das Kommando. „Los!" Rein in die Bindung, Gas geben, ab durch die Mitte! Finaler Punkt des Rennens ist die Terrasse der Amberger Hütte rund 1000 Meter tiefer. Bei null komma null Sicht kurven wir im Blindflug talwärts, die vagen

Der Föhnsturm hat am Schneeigen Ferwalljoch ganze Arbeit geleistet.

Auf dem Weg zum Pirchkogel ist das Schafjoch ein genialer Rastplatz.

Die wunderbare Tour und das herrliche Wetter zaubern glückliche Gesichter.

zum Spiegelkogel, auf den Mutsbichl oder rauf zum Wilden Mannle. „Das geht oft besser als im Sommer, man lässt die Ski im Depot und klettert die letzten Meter zu Fuß", empfiehlt er.

Oben an der Stableinalm steht die Tür vom Lifthäusl sperrangelweit offen. Drinnen sitzt ein Liftboy und schichtet gedankenversunken Steinchen auf seinem Tisch zu einem Steinmandl. Recht hat er, es ist schon Ende März, nur wenige Skifahrer tummeln sich auf der Piste. Barnabas stammt aus Ungarn und jobbt den Winter über hier. „Siehst die Spur da oben unterm Gipfel? Das war ich!", sagt er stolz und zeigt auf die Steilwände des Ramolkogels. „Ja, die Verhältnisse sollten schon passen, dann geht es", meint er dazu. Ein ganzes Stück unter dem Gipfel liegt die Ramolalm, von der die Venter schwärmen. Wie auf einem Balkon thront die alte Alm hoch über der Schnittstelle zweier Täler. Ein vielversprechender Ausflug, am besten mit einem Tourguide. Dazu braucht es nur einen kurzen Besuch im örtlichen Tourismusbüro, wo Bianca Klotz von den Rofenhöfen arbeitet und im Nu einen Führer organisiert. Wenig später ist er da: Es ist ihr Vater Hubert, der hier jeden Baum und jeden Stein kennt. Die Schneeschuhe bringt er auch gleich mit.

Vorbei an der Venter Bergsteigerkapelle gehen wir in Richtung Waldrand. Dann verlässt Hubert den Forstweg und spurt schnurstracks den steilen Tiefschneehang hoch. Ich hinterher. In kleinen Kehren steigen wir durch den Zirbenwald bis zu einer Lichtung namens Herrsgarten. Die Stille ist raumgreifend, nur ein Tannenhäher meckert. Ist schließlich sein Revier. „Er ist der wichtigste Vogel hier, weil er die Samen der Zirbenzapfen verteilt", erklärt Hubert. Vor uns liegt nichts als unberührter Tiefschnee. Halt, da! Die Spur eines Hasen. Mal rannte er hektisch, dann hoppelte er gemütlich – das zeigt Ewalds fachmännische Analyse der Gangarten. Dann entdecken wir die Fährte eines Fuchses und eines Rehs. Ganz schön was los hier, wenn hier keiner hinschaut. Der Wald lichtet sich, über offene Hänge stapfen wir zur Ramolalm, die lediglich aus einem aufgelassenen Schafstall besteht. Und ja, der Ausblick ist schier unglaublich: Vor uns das Niedertal mit dem Similaun, rechter Hand das Rofental mit der Wildspitze und ganz hinten die Weißkugel. Hubert kennt den Effekt dieses besonderen Flecks genau und freut sich jedes Mal, wenn er seine Wirkung entfaltet. Dann zückt er den „Guggar", wie der Fernstecher hier heißt. „Da – schau!" Tatsächlich. Nur einen Steinwurf weiter rupfen drei Gämsen Gras von einer aperen Stelle. Wir starren hinüber. Die drei glotzen zurück. „Gämsen haben im Winter nur 16 Grad Körpertemperatur und zehren von dem, was sie den Sommer über anfressen", sagt Hubert leise. Wer Respekt vor diesen Überlebenskünstlern hat, bewegt sich hier sachte, vor allem im Winter. Es wäre ein Frevel, die Tiere zu verschrecken und mit einer unnötigen Hatz ihren Energiesparmodus zu unterbrechen. Eine solche Flucht könnte sie alle Kraft und sogar das Leben kosten.

Gegenüber der Ramolalm prangt die kegelförmige Talleitspitze mit ihren verwehten Flanken, Wechten und blanken Schneehängen. „Siehst die Masten da oben? Das ist eine ferngesteuerte elektrische Sprenganlage. Damit lösen wir kontrolliert Lawinen aus, bevor sie zu mächtig werden und auf den Ort und die Pisten abgehen." Langsam versteht man, was es heißt, den Launen der Natur jahrein, jahraus so direkt ausgesetzt zu sein. Doch heute zeigt sich die fast übernatürlich schöne Seite dieser blendend weißen Gebirgswinterwelt.

DIE SPRACHE DES SCHNEES

Frisch gepuderte Hänge, schimmernde Firnflanken, mächtige Wechten, dicke Watteschichten. Nur zwei Farben bestimmen das Bild: Das klare Weiß kontrastiert zu einem strahlenden Himmelblau, in unzähligen Schattierungen. Dazu die Texturen, Strukturen oder Muster des Schnees. Die weiße Materie zeigt sich mal samtig und leicht, mal harschig und spröde, mal sulzig und schwer, mal fein gezeichnet wie Raufasertapete. Mal bedecken Reifkristalle nach kalten klaren Nächten die Oberfläche und wachsen fein ziseliert wie Miniaturwälder gen Himmel. Ein Kosmos im Kleinen, diese Welt aus Eis. Beim Abstieg studieren wir die skulpturalen Kunstwerke, die der Baumeister Wind aus purer Lust so in den Schnee zaubert: Monochrome Gemälde aus Gangeln und Sastrugi, Kometenschweife oder Anraum an Baumstämmen, gemeißelt wie vom Bildhauer. Die Windzeichen erzählen ihre Geschichte, von viel oder von wenig Wind, von seiner Richtung, seiner Kraft, seinen Wechseln. Tourengeher tun gut daran, diese Sprache zu verstehen, die Zeichen zu deuten, sie geben wertvolle Hinweise und alarmieren vor instabilen Hängen.

Weil man nur zu Fuß die Berge wirklich erlebt, machen wir uns am nächsten Tag auf zur Schweinfurter Hütte. Auf dem sonnigen Hochplateau in Niederthai geht's am Parkplatz Sennhof in gut 1500 Meter Starthöhe los. Der breite Forstweg zieht gemütlich neben dem Horlachbach ins still-romantische Tal hinein. Fernab der Welt und ohne Hast ist genug Zeit zum gründlichen Umschauen und für gute Gespräche. Raufgehen, um runterzukommen – in den Bergen funktioniert das immer. Etwa eine Stunde später liegt rechts die Jausenstation Larstigalm in knapp 1800 Metern Höhe am Weg. 1899 erbaut, versorgt Familie Scheiber hier seit 1970 die Wanderer mit Wegzehrung. Berühmt sind vor allem die süßen Heidelbeerknödel. Das motiviert und gibt Energie: Eine weitere Gehstunde noch, zuletzt etwas steiler, dann sind wir da. Die Schweinfurter Hütte steht auf gut 2000 Metern aussichtsreich auf einem Joch unter der Sömenspitze. Zahlreiche Skispuren ziehen deren Schneeflanken herab. Der Fleck gehört im Winter zu den ruhigsten des Ötztals. Hier, am Schnittpunkt zwischen Horlach- und Zwieselbachtal, eröffnen sich unzählige Tourenmöglichkeiten und Übergänge wie zum Beispiel zur Winnebachseehütte oder Dortmunder Hütte. Ein Pausenbrot auf der Terrasse, dann kommt das Beste: Mit Anlauf werfen wir uns johlend auf die Schlitten und rodeln zurück ins Tal, während die Nachmittagssonne mit schrägen Strahlen ins Gesicht scheint.

Im Schneesturm wird der Aufstieg vom Mittelbergferner zum Tiefenbachjoch schnell anspruchsvoll.

Wer noch mehr Augenhöhe zu Ötztaler Bergriesen sucht, findet ganz hinten im Tal die gesuchten Herausforderungen. Neben dem Skitourenklassiker Venter Runde lockt die Wildspitze zum Beispiel mit dem entschärften Aufstieg aus dem Pitztal: Per Lift erreicht man elegant das Mittelbergjoch und zieht dann über den Taschachferner bis zum Mitterkarjoch und zum Skidepot, bevor man schließlich Steigeisen anlegt und die letzten Meter zum höchsten Punkt Tirols zurücklegt. Von dort oben erblickt man die Weißkugel, ein weiteres hochkarätiges Tourenziel. Wer etwas mehr Muskelschmalz „by fair means" und auch mehr Zeit investieren will, wählt die harte Tour. Die führt vom Hochjochhospiz über den mehr als acht Kilometer dahingestreckten Hintereisferner zum Hintereisjoch. Entspannter beginnt der Höhentrip in Kurzras im Schnalstal auf stolzen 2000 Metern Höhe. Von hier steigt der Weißkugelaspirant unbeirrt wie Odysseus von den Sirenen an der verlockenden Schöne-Aussicht-Hütte (Sauna! Außenpool! Südtiroler Weine!) vorbei, jawohl vorbei, und spurt dann gipfelfokussiert über den unschwierigen Teufelsegg-Grat, bevor sich schließlich am Hintereisjoch die Routen vereinen. Bereits beim Skidepot ergeben sich buchstäblich überragende Einsichten auf eine der schönsten Gegenden des gesamten Alpenbogens. Wer Geduld und ein Seil dabeihat, sichert sich über den Gipfelgrat hinweg zum eigentlichen Ziel der Träume: dem Gipfelkreuz der Weißkugel.

TOUREN FÜR GENIESSER

Auch mit etwas weniger Aufwand kann man im Ötztal Eindrücke gewinnen, die sich nachhaltig in die Netzhaut brennen. Nahe dem Taleingang liegt an der Verbindungsstraße zwischen Oetz und Kühtai das Dorf Ochsengarten, ein Stück darüber der Gasthof Marlstein, entstanden aus einer ehemaligen Berghütte mit Materialseilbahn der Familie Neurauter. Einen Steinwurf weiter liegt die Kapelle „Maria mit dem Stein", von der der Gasthof seinen Namen hat. Die Sonne scheint bereits auf den südseitigen Hof, als wir am Parkplatz an der Issbrücke die Ski anfellen – heute steht der Wetterkreuzkogel auf dem Plan.
In engen Kehren ziehen wir durch den Baumparcours. Schließlich öffnet sich der Wald, eine Lichtung tut sich auf, linker Hand spuren wir ins stille Wörgetal hinein, vorbei an Schafzoll und Karlesspitzen in Richtung Acherkogel. Im Talkessel geht es schließlich nach rechts und über eine Rampe steigen wir oberhalb der Schwarzen Wand zum Gipfelplateau. Ein gemütlicher Pausenplatz mit Steinbänken, am Rande das vorgelagerte Gipfelkreuz mit den drei markanten Querbalken. Im Süden prangt die Wildspitze, im Westen der Geigenkamm, tief unten ruht das Ötztal. Nur schwer reißen wir uns von diesem Logenplatz los. Über tief verschneite Hänge und kupiertes Gelände kurven wir flott zurück ins Tal. Abends packt Wirt Gebhard noch ein paar Insidertipps aus, zum Beispiel von Kühtai durch das Mittertal auf die Wechnerscharte oder zur Karlesspitze. Oder das Zwölferköpfl am Eingang des Wörgetals. Das Gipfelkreuz hat Gebhard eigenhändig raufgeschleppt und die auch bei Schneeschuhgehern beliebte Route damit sozusagen „aufgemacht".

Am zweiten Tourentag steht der Hausberg an, der Pirchkogel. Bei heikler Schneelage spurt man am besten über den waldigen Ziehweg Richtung Feldringalm und über das Schafjoch zum Gipfel. Nicht weit davon liegt die Feldringalm, sie gehört zu Marlstein und ist Sommer wie Winter offen und mit dem nahen Faltegartenköpfl belohnt ein kleines Gipfelziel die Schneeschuhgeher. Die harmonisch gewellten Feldringer Böden, eine baumlose Hochfläche flacher Almmatten hoch über Ochsengarten, bilden ein ideales Gelände für Wander- und Schneeschuhtouren. Zurück zum Pirchkogel: Die spannendere Variante geht über den steileren Südhang. Im Zickzack spuren wir den Hang zum großen Steinmandl vor dem Schafjoch hinauf – ein perfekter Pausenplatz mit Edel-Panorama. Weil die Einheimischen genau das wissen, sitzen auch schon einige hier – die Skier zu gemütlichen Rückenlehnen in den Schnee gerammt, in der einen Hand Sonnencreme, in der andern die dampfende Thermoskanne. Dazu ein breites Sonntagsgrinsen. Wir prosten uns zufrieden über den Rand der Becher zu und lächeln sprachlos zurück. Wer zur richtigen Zeit am richtigen Ort ist, genießt schweigend und braucht kaum Worte zu verlieren. Nach einer ganzen Weile reißen wir uns los. Zur Krönung steht schließlich noch ein Gipfel an. Vom Schafjoch lässt sich der Wegverlauf über den buckeligen Grat schon gut einsehen. Heute ist er recht abgeblasen. Nach kurzem Auf und Ab wechseln wir in die Nordflanke des Gipfelaufbaus, queren den Hang und stechen dann von der Ostseite zum Gipfelkreuz hinauf. Diese Rundumschau mit Sicht ins Inntal, auf die Mieminger Berge im Norden und die Pyramide des Acherkogels im Süden, der als nördlichster Dreitausender der Alpen gilt, lohnt rundherum.

Ausgangspunkt für viele alpine Skitouren:
die Schweinfurter Hütte

Skitour Pirchkogel, 2828 m
Eine Alternative zum beliebten Anstieg im Bereich der Kühtai-Liftanlagen ist der Anstieg über den Westrücken. Talort ist Ochsengarten, Ausgangspunkt Marlstein. Die kurze Piste hinter dem Gasthof Marlstein (1800 m) queren, über den Forstweg bis zum Schafjoch aufsteigen, weiter über den Grat. Gipfel nordseitig umrunden, von Osten zum höchsten Punkt. Abfahrt wie Anstieg. Gehzeit: 3.30 Std., ca. 1050 Hm

Schneeschuhtour Faltegartenköpfl, 2184 m
Tour mit schöner Aussicht, für Einsteiger geeignet. Vom Parkplatz am Sattele bis zur Feldringalm entlang der Rodelbahn wandern. Dann zum Waldrand und über die schönen Freiflächen der Feldringer Böden aufsteigen, schließlich kurzer Gipfelanstieg von Osten. Alternativ von Marlstein möglich. Gehzeit: 2.30 Std., 510 Hm

Skitour Wetterkreuzkogel, 2591 m
Vom Talort Ochsengarten bzw. vom Parkplatz an der Issbrücke über eine Waldstufe zur Oberen Issalm aufsteigen, ab hier freies Skigelände. Die Route zieht gleichmäßig steigend in den Talschluss des Wörgetals und über eine Rampe zum Gipfel. Abfahrt wie Aufstieg. Gehzeit: 3 Std., 860 Hm

Skitour Kuhscheibe, 3189 m
Eher einfache Skitour über nordseitige Hänge. Von der Amberger Hütte geht man durch das Sulztal gen Süden. Nach gut 1 km (ca. 15 Min.) wendet man sich nach rechts und steigt steil bis in den flachen Boden des Rosskars an. Im Rosskar links südwestlich durch den flachen Boden. Über ideal steile Hänge geht es durch die Gletschermulde des Rosskarferners zum Gipfel. Abfahrt wie Aufstieg.
Gehzeit: ca. 3.30 Std., ca. 100 Hm

Skitour Hohe Wasserfalle, 3003 m
Von Niederthai durch das Horlachtal bis zur Groß-Horlachalm. Durch lichten Wald nordwestwärts in das Finstertal und über kupiertes Gelände weiter ins breite Wannenkar. Zuletzt durch eine Steilrinne an die Gipfelfelsen und zu Fuß zum höchsten Punkt. Gehzeit ca. 4–5 Std., 1500 Hm

Skitour Eiskögele, 3233 m
Von Obergurgl über die Skipisten bis kurz vor die Schönwieshütte. Am Bach links ab ins Rotmoostal und bald darauf rechts steil ansteigend hinauf in die Mulden des Hangererferners. Skidepot an den Felsen unter dem Gipfelgrat. Zuletzt zu Fuß in die Scharte und über den Grat zum höchsten Punkt mit Steinmann. Gehzeit ca. 4 Std., 1300 Hm

Winterwanderung Schweinfurter Hütte, 2028 m
Leichte Wanderung ab Niederthai, gut mit festen Wanderschuhen oder mit Schneeschuhen machbar. Durch das Horlachtal ostwärts auf Forstweg ins Tal wandern. Nach einer Stunde befindet sich auf halber Strecke die Einkehrmöglichkeit Larstigalm. Weiter auf Forstweg, zum Schluss steiler bis Schweinfurter Hütte. Abfahrt ins Tal (auf Fahrweg) gut für Rodel geeignet. Die Schweinfurter Hütte ist geöffnet von Weihnachten bis erste Januarwoche und von der zweiten Februarwoche bis April. Gehzeit: 6 km, 2 Std., 500 Hm

Schneeschuhtour Ramolalm, 2381 m
Die Aufstiegsroute führt in wechselnd steilem Gelände durch einen alten Zirbenwald und zum Schluss über freie Hänge über der Baumgrenze. Die stillgelegte Alm liegt hoch über dem Niedertal und bietet grandiose Fernblicke zum Similaun und den mächtigen Gletschern des Alpenhauptkamms, ins Rofental und zur Wildspitze. Aufstieg ca. 1.30 Std., 325 Hm, Abstieg ca. 1 Std.

Aufstieg Stableinalm, 2356 m
Von der Venter Kirche ortseinwärts bis zur Brücke (Ausfahrt P9), vor dem Niedertalbach nach rechts, nach 500 m wieder rechts und auf breitem Weg in Kehren zur Alm empor. Gehzeit: ca. 1.30 Std., ca. 5 km, 500 Hm. Abstieg: Zu Fuß, per Sessellift oder mit Rodel über den Rodelweg.

Skihochroute Venter Runde
Die fünftägige Skihochroute mit Start in Vent führt auf einige der höchsten und lohnendsten Dreitausender Tirols: Similaun (3606 m), Fineilspitze (3516 m), Weißkugel (3739 m), Fluchtkogel (3500 m) und Wildspitze (3768 m). Als Ausgangspunkte für die Gipfelanstiege dienen Similaunhütte, Schöne-Aussicht-Hütte, Hochjochhospiz und Vernagthütte. Dabei sind Aufstiege bis maximal 1800 Höhenmeter und acht Stunden Gehzeit zu bewältigen.

KUNSTSCHNEE AUS WOLKE SIEBEN

Pulverschnee auf Knopfdruck? Gibt es längst: Ohne Schneekanonen wären viele Traumpisten alles andere als ein Traum. Von Naturschützern aufgrund des immensen Energieverbrauchs und des Eingriffs in die Umwelt durch Baumaßnahmen für Speicherseen mit Recht heftig kritisiert, entwickelten die Ötztaler ein neues Konzept, das Schnee weniger aufwändig produzieren will. Noch dazu soll die Qualität des Produkts nahezu an Echtschnee heranreichen: Im Ötztal lässt man es schneien, und zwar aus einer künstlichen Wolke. Die neue Technologie soll Flocken liefern, Pulverschnee, so leicht und flauschig, wie es bisher nur Mutter Natur vermochte. Das Ganze am Ende ein Wolkenkuckucksheim? Von wegen: Im Herbst 2014 startete das Obergurgler Freiluftlabor eine Reihe von Experimenten. Das Prinzip verläuft so: In einer Art Wolkenkammer bilden Wassertropfen und Eiskeime bei tiefen Temperaturen eine künstliche Wolke. Kleine gefrorene Eisplättchen werden dann hinzugefügt – so sind in der Wolke alle drei Phasen des Wassers gleichzeitig vorhanden: fest, flüssig und gasförmig. Das Eis hat die Funktion von Kristallisationskeimen und bewirkt, dass sich größere Kristalle bilden und als Schnee aus dem Wolkenbehälter nach unten ausfallen. Eine Weltpremiere nannte man das, präsentiert beim Winteropening 2014/15. Ist das nun tatsächlich eine gute Idee oder haben die Macher die aktuell grassierende DIY-Welle (Do it Yourself) nur einfach zu wörtlich genommen? Angeblich soll die neue Technologie weit weniger Energie schlucken und dazu wesentlich weniger Wasser verbrauchen. Aktuell laufen Tests, die zeigen sollen, wie effektiv das neue Konzept tatsächlich ist. Demnach soll die Kunstwolke aus einem Kubikmeter Wasser bis zu 15 Kubikmeter Pulverschnee erzeugen. Doch selbst wenn sich die Erfindung durchsetzen sollte: Retortenschnee hat wenig Romantik.

Geniale Abfahrt: Vor der Kulisse von Kirchenkogel und Liebenerspitze geht es hinunter ins Rotmoostal.

Seite 130/131: Über den Wolken scheint die Freiheit tatsächlich grenzenlos zu sein: am Gipfelgrat des Schalfkogels

Seite 132/133: Hintere Schwärze und Marzellspitze im Abendlicht

Seite 134/135: Immer schön oben bleiben: links das Ötztal, rechts das Sulztal, dazwischen der teilweise versicherte Gipfelgrat des Gamskogels

Seite 136/137: Die kleine Lacke im Aufstieg zum Ramolhaus lohnt einen kurzen Abstecher.

Ganz gleich, ob am Gamskogel (links oben) oder am Narrenkogel (rechts unten): Der Herbst bringt die Natur zum Leuchten.

Blick vom Narrenkogel auf Felderkogel, Reiserkogel und Fundusfeiler im Geigenkamm

Die Herbstsonne begleitet uns im Aufstieg von der Stallwiesalm zur nahen Kleblealm.

Im Aufstieg zum Poschachkogel kommt endlich die Sonne heraus.

ÜBER ALLE BERGE

Mehr Berg geht nicht: Rund 250 Dreitausender hat das Ötztal. Ein paar dieser Höhepunkte muss man besucht haben: berühmte oder unbekannte, größere und kleine. Daneben gibt es genussvolle Wandergipfel und aussichtsreiche Höhenwege, die jeden einzelnen Meter lohnen.

„Hochtourengehen ist die Königsdisziplin aller Bergsportarten", hatte Bergführer Michi am Abend zuvor in der Braunschweiger Hütte gesagt. Das klingt schöngeistig, irgendwie. Doch nur ein paar Stunden später, oben im Eis des Hängenden Ferners und 5 Meter von einer 30 Meter tiefen Spalte entfernt, bekommen seine Worte eine andere Dimension. Die kurze, aber knackige Tour zum Linken Fernerkogel hat es in sich. In manchen der klaffenden Spalten könnte man einen Lkw versenken, und zwar einige Stockwerke tief.

Auf allen Seiten von Eis und Schnee umschlossen, ragt der Linke Fernerkogel hoch über der Hütte auf wie eine drohende schwarze Wand. Die pfeilgeraden Couloirs an seiner Nordseite lassen ihn nicht gerade zugänglicher wirken. Doch wer ihn zu nehmen weiß, das heißt von der richtigen Seite, findet hier einen spannenden Anstieg, an dem sich häufig Hochtoureneinsteiger versuchen. So lassen sich unterwegs immer wieder Kurse beim Spaltenbergungstraining beobachten. Eine Erfahrung, die sich lohnt: In schummrigen fünf Metern Tiefe auf einer schmalen Schneebrücke zu stehen und das Eis knarzen zu hören, ist ein Erlebnis, das man so schnell nicht vergisst. Wer Gletscher von innen gesehen hat, bringt entsprechend mehr Respekt beim Begehen von steilen Eisfeldern mit.

Erst seit 200 Jahren ist das Hochtourengehen und auch das Bergsteigen im Ötztal überhaupt in „Mode". Die ersten dokumentierten Besteigungen erfolgten Anfang des 19. Jahrhunderts durch Naturwissenschaftler, Landvermesser, auch Geistliche leisteten Pionierarbeit. Und natürlich die Führer all dieser hohen Herren. Als einer der ersten Gipfel wurde 1834 der Similaun von Theodor Kaserer, Pfarrer aus Unser Frau im Schnalstal, bestiegen. 1848 setzte der Führer Leander Klotz aus Rofen als erster Mensch den Fuß auf die Wildspitze. 1852 folgte die Hochwilde im Rahmen einer militärischen Vermessung, 1861 die Weißkugel, erstbestiegen durch eine Dreier-Seilschaft aus J. A. Specht, J. Raffeiner und L. Klotz. Wildes, ungenormtes Terrain und allesamt Berg-Ikonen, die ihre Anziehungskraft nie verloren haben: Noch immer stellt die Gipfelphalanx des südlichen Ötztals eine genussvolle Herausforderung dar. Mit einem entscheidenden Unterschied: Heute erlauben zahlreiche Stützpunkte verkürzte Zustiege: Mehr als 30 Alpenvereinshütten bieten eine gute Infrastruktur zum Wandern und Bergsteigen.

So beeindruckend ein ausgiebiger „Gletscherhatscher" auch sein mag: Die Eisriesen zu bewundern, ohne dabei die gefrorene Materie betreten zu müssen, hat auch Vorteile: Man spart das Gewicht der sonst nötigen Eisausrüstung im Rucksack ein und hat trotzdem beste Aussichten. Eine solche Genusstour ist die Überschreitung des Saykogels. Dafür steigt man vom Hochjochhospiz – oder von Vent kommend – ein kurzes Stück zur Rofenache ab, um sogleich auf der anderen Seite wieder steil an Höhe zu gewinnen, bis sich der Weg schließlich gabelt. Hier folgt man den Wegweisern, die auf den gipfelwärts verlaufenden Westgrat verweisen. Da sitzt man dann also auf dem Saykogel in 3355 Metern Höhe wie auf einer Insel der Glückseligen, während sich all die Gletschergipfelherrlichkeiten der Ötztaler – Similaun, Fineilspitze, Mutmalspitze oder Firmisanschneide – rundherum ausbreiten. Der Abstieg führt durch den Osthang, „Auf den Sömen" genannt, teils weglos über Schotter und hält auf die von weitem sichtbare Martin-Busch-Hütte zu. Wer die Vorfreude auf ein kühles Bier auf der Sonnenterrasse noch steigern will und überschüssige Kräfte hat, biegt vorher linker Hand ab und geht, auf gleicher Höhe bleibend, bis zum Samoarsee, wo die Reste der verfallenen Brizzi-Hütte stehen. Dass dieser Fleck ein besonderer Platz ist, erkann-

Aussichtsreich, ausgesetzt und immer wieder ein Erlebnis: der Mainzer Höhenweg am Geigenkamm te schon Franz Senn, der hier eine kleine Schutzhütte baute – später auch der Münchner Maler Charles Brizzi, der von diesem Standort aus in Senns Auftrag die Landschaft verewigte. Von hier sind es noch einmal 550 Höhenmeter hinauf zur Kreuzspitze, nicht umsonst Senns Lieblingsberg. Liegt es vielleicht am König der Lüfte, der hier im hintersten und beinah unberührten Talschluss noch immer heimisch ist? Mit etwas Glück lassen sich hier oben tatsächlich Adler beobachten – ein fast schon archaischer, berührender Moment.

Nicht weit von hier hat es 2012 am Marzellkamm, der geradewegs auf den Similaun zu führt, einen Bergsturz gegeben. „Die Routen im Sommer verändern sich", sagt Christoph Eder, Wirt vom Taschachhaus, bei einem Besuch im Sommer 2012. Auch dort hat es im gleichen Jahr einen Bergsturz im Bereich der Wege gegeben. Der weichende Permafrost und das Zurückgehen der Gletscher machen manche Routen stellenweise schwieriger, manche Stellen und Übergänge von Fels zu Eis sogar unpassierbar. Der Faszination dieser Gebirgszüge tut das jedoch buchstäblich keinen „Abbruch".

Im Kontrast zur vielbegangenen Gipfelprominenz des Alpenhauptkamms gibt es vorne am Taleingang stille Pfade zu entdecken, die ebenso spannende Stunden versprechen. Von Oetz beamt die Acherkogelbahn den Wanderer im Nu auf Höhe der Baumgrenze. Nur ein paar hundert Meter entfernt liegt das erste Etappenziel: die Neue Bielefelder Hütte. Die Infotafeln am Rand der Terrasse überraschen mit einer fast überbordenden Auswahl an Routen, Übergängen, Rundtouren und Abstiegswegen. Zum Roten Wandl oder doch lieber zum Rosskopf? Zur Wörglgratspitze oder zum Manigkogel? Hm. Eine wenig begangene Route ist der Oltrogge-Weg, benannt nach Wilhelm Oltrogge von der Sektion Bielefeld. Der einsame Pfad schlängelt sich auf rund 2500 Metern Höhe auf der Ostseite des Tals nach Süden dahin. Es wäre ein Fehler, ihn auf der Fahrt zu den Gletschern buchstäblich links liegen zu lassen.

Oberhalb der Hütte geht es eine steile Rampe hinauf, dann weist ein Schild nach rechts in die Wildnis. Im jetzt angenehmen Gefälle durchschneidet der Pfad den Steilhang, schraubt sich langsam höher. Beim Steinmandl auf der Anhöhe ist Zeit zum Umschauen. So fern der Zivilisation – und doch ganz nah: Tief unten leuchtet azurblau der Piburger See, gesäumt von waldigen Hügeln. Daneben der Ort Oetz. Hoch darüber steht der tief gezackte Geigenkamm. . Weiter geht's. An der Alten Bielefelder Hütte rasten Wanderer. Sie kommen von der Mittertaler Scharte, jetzt machen sie eine ausgiebige Pause auf dem bloßen Fundament der Hütte, die 1951 eine Lawine abräumte. Wo nur wenig Menschen unterwegs sind, verlaufen Begegnungen anders. Man schaut sich an, wechselt ein paar Worte, fragt nach dem Woher und Wohin. Nimmt den anderen wahr. Während der nächsten sechs Stunden begegnet mir – außer einer pelzigen Raupe und einem flatternden Schmetterling – niemand.

DAS GEHEIMNIS DER BERGFEUER

Hier oben am Grat zünden die Ötzer alljährlich die Herz-Jesu-Feuer an, die weit in die Nacht leuchten. Mit diesen Bergfeuern erneuern die Tiroler jedes Jahr ein Gelöbnis aus dem Jahr 1796, dem Jahr, als die Truppen Napoleons Richtung Tirol anrückten. Das derart bedrohte Land beschloss alle Kräfte zu mobilisieren und sich dem „Herzen Jesu" anzuvertrauen. In einem feierlichen Akt gelobten die Vertreter der Landstände, das Fest des Heiligsten Herzens Jesu alljährlich feierlich zu begehen. Die Signalfeuer auf den Bergen waren ein Zeichen des Widerstands und gaben das Signal für den sogenannten Landsturm. Mit Erfolg: Verstärkt durch eine große Zahl Freiwilliger schlug das Tiroler Heer, geführt von Andreas Hofer, die Franzosen und Bayern zurück. Mit diesem historischen Befreiungsschlag wurde der Herz-Jesu-Sonntag in ganz Tirol zum hohen Feiertag, der noch heute jedes Jahr mit Gottesdiensten, Prozessionen und Bergfeuern feierlich begangen wird.

Ich marschiere bis zum Ende des weit eingeschnittenen Kars, dann steilt der Weg deutlich auf. Nur ein paar versprengte Nadelbäume krallen hier noch die Wurzeln in den tief abfallenden Grund. Vorbei an einem Gedenkkreuz, dann wird es abenteuerlich. Der schmale Pfad windet sich über eine schrofige Felsstufe, ein paar Versicherungen geben Halt. Dahinter liegt ein weiteres Kar, durchzogen von Schuttreisen. An der Achplatte mach ich Rast. Es windet kräftig übers Joch. Also schnell weiter, noch ein Kar. Welch eine Steinwüste. Ein paar hingetupfte Schneereste unter den brüchigen Felswänden bilden den einzigen Farbkontrast. Am anderen Ende des Kars windet sich der Pfad plötzlich steil einen Bergrücken hinauf. Ganz oben überrascht ein schlichtes Holzkreuz: der Gipfel des Lausers auf 2616 Metern Höhe. Unterhalb tut sich überraschend ein völlig neues Bild auf: Ein fahler, gestaffelter Gratrücken mit verblichenem Gras bricht in Stufen hinunter bis zu einer Felsnase. Dort, wo er abrupt endet, steht ein weiteres Kreuz – die Hohe Warte. Wie eine breite Rampe schiebt sich der Grat quer ins Tal hinein. Nach sechsstündigem Gehen über brüchigen Stein und harten Schotter federt

Durchwegs steil und ausgesetzt: der Oltrogge-Weg unter dem Hochreichkopf

der grasig-weiche Boden jetzt elastisch jeden Schritt ab. Herrlich. Es ist eine Wohltat. In leichtem Auf und Ab geht's über die Höcker des Grats, an dessen Ende ich mich einfach einen Moment ins Gras setze und schaue. Die Sonne lässt die langen, fahlen Halme strohgelb aufleuchten. Weit im Süden öffnet sich der Talschluss mit weißen Kuppen am Horizont, nach Norden sperrt die breite Wand des Tschirgants das Tal ab. Ein heißer Schluck Tee aus der Thermoskanne. Es gibt Momente, da möchte man nirgends anders sein als hier und jetzt – und dieser ist so einer. Als Wolken die Sonne verschlucken, fegen urplötzlich stoßweise Böen über den hohen Rist. Ich reiße mich los. Steil geht's bergab durch Heidelbeersträucher und Nadelwald, bis auf einer abgelegenen Lichtung die stille Reichalm die Blicke auf sich zieht. Unberührt vom Lärm der Zeit wirkt dieser Ort wahrlich verwunschen. Ein paar Hütten ducken sich im abgeschiedenen Almgelände aneinander. Sie dienen den tiefer gelegenen Farsthöfen als „Sommerfrische". Hier möchte man bleiben, der Natur und dem Gang der Jahreszeiten zuschauen … und ab und zu ein paar Preiselbeeren pflücken gehen.

Ein unschwieriger Wanderberg nicht weit von der Hohen Warte ist der 2310 Meter hohe Narrenkogel bei Niederthai. Mit seiner breiten Gipfelkuppe ist er ein Ausguck mit Panorama-Garantie. Die Stubaier Alpen im Rücken, bietet er beste Aussicht auf den gegenüberliegenden Geigenkamm. Noch ein Stück weiter südlich auf gleicher Talseite liegt die Nisslalm mit dem Gamskogel darüber. Es ist ein frischer Herbsttag, als wir im Bergdorf Gries im Sulztal starten. Die Wolken sinken tiefer, dann fallen erste Tropfen. Auf den Weiden senken die Kühe ergeben die Köpfe. Doch macht echten Bergmenschen ein Schauer was aus? Kopf hoch und auf zur Nisslalm! Auf dem Weg durch den Bergwald reißt es wieder auf: Die Nebelfetzen weichen Sonnenstrahlen, der Himmel wölbt sich blitzblau. Auf der Talseite gegenüber rauscht der Winnebach, goldgelb schimmern die Nadeln der Lärchen im späten Herbstlicht, als ständen die Bäume und der gesamte Berg in Flammen. An der Baumgrenze weicht der Wald zurück und gibt ein kleines Plateau frei. Mittendrin liegt die uralte Nisslalm mit ihrer dunklen Holzfront und reich blühenden Geranien am geschnitzten Balkon. Drinnen werkelt Albertina in der Küche. Die Hüttenwirtin richtet gerade ein Speckbrot her. „Seit 19 Jahren bin ich jetzt heroben", sagt sie, „und zwar das ganze Jahr über. Im Winter kommen viele Leute mit der Rodel herauf." Ein Stück über der Nisslalm thront in 2813 Metern Höhe der Gamskogel, Hausberg von Längenfeld. Zwei Stunden sind es von der Nisslalm noch bis ganz rauf. Gleich oberhalb der Hütte beginnen weite Grasböden, Gasse genannt. Über steinige Platten mit Tritten und einer kurzen Seilsicherung geht es ins Milchenkar, dann über einen grasigen Rücken zum Ostgrat und über diesen bis hinauf zur Spitze mit dem großen Kreuz. Wer hier steht, hat den gesamten Talverlauf zwischen Inntal und der Talstufe bei Sölden gut im Blick. Und auch den gegenüberliegenden Geigenkamm, dessen nördlicher Teil alpine Wegstücke aufweist, die längst nicht überlaufen sind.

TOURENTIPPS

Saykogel, 3355 m

Gletscherfreier Aufstieg auf den wunderbaren Aussichtsberg im Tourenbereich der Martin-Busch-Hütte. Herrliche 360°-Rundumsicht über die Welt der Dreitausender im zentralen Tourenbereich der Ötztaler Alpen. Kurz unterhalb vom Gipfel führt der Bergweg ebenfalls ohne Gletscherberührung weiter zum Hochjochhospiz. Hierbei ergeben sich wunderbare Etappen von Hütte zu Hütte. Gehzeit: 6 Std., 830 Hm.

Narrenkogel, 2310 m

Der Narrenkogel hoch über dem Ötztal gilt als Vorposten der Stubaier Alpen. Belohnung für den steilen Aufstieg ist ein Logenplatz vom Feinsten auf seiner breiten Gipfelkuppe. Hier schweift der Blick im Frühsommer über ein rosarotes Almrauschmeer und verfängt sich in den blau schimmernden Ötztaler Eisriesen. Aufstieg ca. 2 bis 2.30 Std., Abstieg ca. 2 Stunden, ca. 800 Hm.

Wilhelm-Oltrogge-Weg

Hochalpiner Weg zur Schweinfurter Hütte. Landschaftlich großartige Tour für bergerfahrene Wanderer. Ab Bergstation Acherkogelbahn, Oetz, geht es anfangs über den Besinnungsweg zur Alten Bielefelder Hütte, weiter durch Geröll und felsdurchsetztes Gelände in Serpentinen zur Achplatte (2423 m). Jetzt über Grashänge, Geröll und Gräben am Rand des Acherkars zum Österkarkessel und bergauf zum Lauser (2616 m). Abstieg über die Hohe Warte und Reichalm nach Farst oder weiterwandern Richtung Niederreich- und Hochreichscharte (kurze Kletterstellen). Wer mag, kann auch den Gipfel des Hochreichkopfs „mitnehmen". Durch das Steinkar ins Finstertal und zur Schweinfurter Hütte. Gehzeit: 8.30 Std., 890 Hm.

Venter Höhenweg

Landschaftlich großartiger Höhenweg über dem Venter Tal mit Blick auf viele große Dreitausender. Bei Start in Vent empfiehlt sich ab dem Tiefenbachferner die Talfahrt mit dem Bus nach Sölden. In beide Richtungen lohnend! Im Aufstieg ab Vent 4–5 Std. bei 11 km Weglänge. Keine Abstiegsmöglichkeit ins Venter Tal!

Kreuzspitze, 3455 m

Einer der berühmtesten und beliebtesten Aussichtsberge des Ötztals mit grandiosem Gipfel-Panorama; trotz der großen Höhe ohne Gletscherberührung relativ leicht zu erreichen, von der Martin-Busch-Hütte 3 Std., 950 Hm

Oben: Wegweiser am Narrenkogel

Mitte: Im Abstieg vom Lauser

Unten: Rast unter dem Plattachsee am Geigenkamm

Der „Gletscherpfarrer" Franziskus, genannt Franz, Senn war die wohl prägendste Figur des gesamten Ötztals. 1831 in Längenfeld als siebtes Kind einer Bauernfamilie geboren, studiert er Philosophie und Theologie in den Städten Innsbruck, München und Brixen. Im Jahr 1860 kommt er als 29-jähriger Priester nach Vent, wo er bis 1872 das Kurat übernimmt. Rund 50 Menschen leben zu diesem Zeitpunkt in Vent, das Leben der Bergbauern ist hart und die Leute ganz „hinten im Tal" in Vent und Obergurgl gelten als Ärmste der Armen. Naturkatastrophen haben dem Dorf traurige Berühmtheit verschafft, Scharen von Neugierigen besuchen den von Gletschereis aufgestauten Wildsee im Rofental. Senn ist fasziniert von der Kraft der Natur und von ihrer Schönheit, sieht aber ebenso die Schattenseiten. Und er erkennt die Chancen, die die neue bürgerliche Reiselust ins Gebirge mit sich bringt, denn Mitte des 19. Jahrhunderts setzt im Ötztal – wie überall in den Alpen – der Alpinismus ein. Folgerichtig baut er sein Widum, den Pfarrhof also, als Herberge für Wanderer und Touristen aus und setzt dafür sein persönliches Erbe ein. Als dieser nicht mehr ausreicht, baut er 1862 gegenüber der Kirche eine neue Herberge. Maler und Schriftsteller kommen auf seine Initiative hin ins Tal, damit sie über die Bergwelt berichten. Vorausschauend organisiert Senn die Ausbildung von Berg- und Wanderführern für die Gäste, er lässt Wege und Steige anlegen, zum Beispiel einen Saumweg von Zwieselstein nach Vent und weiter auf das Hochjoch, und baut 1862 mit der Brizzi-Hütte auf 2929 Metern eine erste Hütte (heute verfallen), es folgte 1869 das Hochjochhospiz als eine der ersten Schutzhütten, 1882 die Breslauer Hütte. Selbst ein begeisterter und ambitionierter Bergsteiger – über 20 Erstbesteigungen gehen auf sein Konto –, will er das Gebirgstal und seine Schönheit für Erholung suchende Sommerfrischler aus der Stadt erschließen und damit gleichzeitig den armen Dorfbewohnern eine wirtschaftliche Perspektive bieten.

Senn begründet 1869 den Deutschen Alpenverein mit – Vent wird zur Wiege des Alpenvereins und ist bis heute Bergsteigerdorf geblieben. 1873 schließen sich der Deutsche und der Österreichische Alpenverein zusammen. 1884, mit nur 53 Jahren, stirbt Franz Senn in Neustift im Stubaital.

Bergsteigerdorf der ersten Stunde: Vent mit dem Widum, in dem Franz Senn gewirkt hat

Seite 150/151: Im Samoarsee spiegeln sich Marzellspitzen und Similaun.

Seite 152/153: Die Wildspitze ist beliebt – auch bei Schlechtwetter.

Hochsommerlicher Aufstieg über den aperen Sulztalferner zur Hochstubaihütte

Der lange Aufstieg zur Hochwilde erfordert einen frühen Aufbruch vom Hochwildehaus.

Hochalpine Szenerie: am aperen Sulztalferner (links oben), am (noch) zugefrorenen Triebenkarsee (rechts oben), am Taschachferner (links unten) und am Abstieg zur Hildesheimer Hütte

Auch die Zahme Leck schaut vom Sulztalferner aus betrachtet recht wild aus.

OBEN BLEIBEN – HÖHENTRIPS MIT TIEFENWIRKUNG

Nur wer tagelang über Pässe und Gipfel, über Schotter und Stein, durch Täler und auf Höhen wandert, begreift die wahren Dimensionen der Ötztaler Berge wirklich. Unterwegs bei Tageslicht oder mit Stirnlampe, im Sonnenauf- und -untergang, bei Regen, bei Schnee oder bei stechender Sonne – das macht eine echte Bergtour aus.

Langsam schraubt sich der Wanderbus höher, ich zähle die Serpentinen – jede der Kehren auf dem Weg ins Bergdorf Gries hat einen eigenen Namen: Brandkehre, Mutterbergkehre und so fort. Um halb sechs sind wir da. Ich mache ich mich auf den Weg zur Amberger Hütte. Obwohl erst Anfang September, herbstelt es hier oben bereits kräftig. Pilze, rote Vogelbeeren und Himbeeren markieren diese besondere Zeit zwischen Spätsommer und Herbst. Anfangs rauscht der Fischbach neben dem Weg her. Dann lichtet sich der Bergwald, führt vorbei an der bewirtschafteten Vorderen Sulztalalm und weiter ins Tal hinein. Nur wer tagelang unterwegs ist, mal im Dunkel mit Stirnlampe, mal im faden Morgenschein, mal im vollen Sonnenlicht, mal in der Dämmerung mit langen Schatten – der erlebt den Berg wirklich. Fast rund um die Uhr draußen zu sein, der Natur wirklich zu begegnen, das schafft wirkliches Erleben. Es nieselt, als ich nach knapp zwei Stunden in der Dämmerung an der Hütte eintreffe. Wirt Serafin steht im blauen Shirt draußen vor der Tür, ich begrüße ihn mit „Sauwetter!". Er sagt: „Ja, der ganze Sommer war so. Aber komm rein, bevor du lange im Regen rumstehst!". Der Kachelofen im Essraum strahlt knisternd kuschelige Wärme ab.

Serafin stammt aus Vent, sein Bruder hatte früher das Brandenburger Haus gepachtet, auch das Hochjochhospiz. Serafin ist seit sechs Jahren auf der Amberger Hütte, davor hat er zwölf Jahre auf der Pfeishütte im Karwendel gearbeitet. Eine Hütte steht und fällt mit ihren Wirtsleuten – in diesem Fall ist sie tipptopp geführt. Zimmer Nummer sieben hat zwei Stockbetten mit Blick in den Talschluss. Um halb neun gibt's Essen, Spinatknödel mit Butter und Parmesan, dazu ein frischer Salat. Wasser für Marschtee für 4,50 Euro. Nicht gerade günstig, die Preise hier, aber was soll's.

Am Morgen trifft Bergführer Gerry Fiegl aus Umhausen an der Hütte ein. Mit seinem grasgrünen Motorrad ist er die Kehren aus dem Tal hochgeknattert. Über Nacht hat es geschneit, die Schneegrenze liegt jetzt bei 2400 Metern. Nicht selten im Spätsommer. Jetzt regnet es leicht, die Temperaturen steigen also. Bei Niesel laufen wir nach Süden ins Sulztal hinein, dann, als sich das Tal verengt, über Schrofen steiler nach oben. Gerry zeigt auf den „berühmten" Moränenrand von 1850, das Jahr markiert den Zeitpunkt, als das Eis begann, sich zurückzuziehen – und zwar weltweit. Die heutige Vergletscherung der Ötztaler ist der magere Rest einer einstmals gewaltigen Eisdecke, aus der nur wenige Spitzen herausragten. Bis zu 2000 Meter war das Eis mächtig, bevor es sich vor rund 10.000 Jahren zurückzog. Trotzdem ist heute keine Gebirgsgruppe der Ostalpen stärker vergletschert als die Ötztaler Alpen, wo noch immer bis zu 300 Meter dicke Gletscher an Haupt- und Weißkamm fließen. Und noch immer kann man hier tagelang über zusammenhängende Eisflächen gehen, zu deren größten der Gepatsch- und der Mittelbergferner zählen. Diese Welt aus Eis fasziniert bis heute.

Linker Hand erblicken wir die mächtigen Sockel von Schran- und Daunkogel. Von der Wilden Leck krachen rechter Hand immer wieder Gesteinssalven herunter. Fast nahtlos zeigt sich der Übergang zum Sulztalferner. An einem größeren Felsen machen wir Rast, holen die Handschuhe heraus und seilen an. Gerry knüpft einige Bremsknoten ins Seil, dann laufen wir los. Die Ausläufer des Sulztalferners sind angenehm flach zu gehen. Der Himmel zeigt plötzlich Strukturen,

Felsturm am Gipfelgrat des Grieskogels. Rechts oben die Wildspitze

die Wolken ziehen auseinander. Dann reißt es auf, blitzblaue Fetzen erscheinen, Sonnenstrahlen durchdringen den Nebel, malen helle Flecken in den Schnee. Ein Schauspiel, das den Gletscher zu einer weiten Bühne macht – zu einer Leinwand für Lichtmalerei. Dahinhuschende Schatten und leuchtend gleißende Streifen ziehen im schnellen Wechsel über das frische Neuschneefeld. Was für ein Schauspiel. Und das alles gehört heute – uns allein!

ACHTUNG, SPALTE!

Ein Stück vor uns liegt der Wütenkarsattel, ein deutlicher Einschnitt und der erste im Grat, der von den Wütenkarspitzen herunterzieht. Zur Linken ein Gletscherbruch, ein paar Spalten klaffen, doch sie sind gut zugeschneit. Als der Eishang auf 35 Grad aufsteilt, legen wir die Spur schräg in den Schnee. Gerry prüft jeden Schritt, den er tut, im Voraus mit dem Stock. Einmal stößt er ihn tief in den Schnee, findet keinen Grund. „Achtung, Spalte!", ruft er. Ein beherzter Schritt, das war es schon. Das Atmen fällt spürbar schwerer hier auf 3100 Metern Höhe. Als wir den Sattel erreichen, zeigt sich ein kleines Zwischental mit einem gefrorenen See in der Mulde, dahinter ein weiterer Sattel. Dahinter ein weites flaches Gletscherfeld, das eine langgezogene Felsrippe begrenzt – darauf klebt wie ein freistehender Backenzahn die Hochstubaihütte in der Ferne. Vorsichtig stochern wir am Ufer des kleinen Eissees vorbei. Er ist fast zugeweht, man sieht kaum, wo Wasser, wo fester Grund ist. „Macht ihr bei der Bergsteigerprüfung eigentlich auch Rettungsschwimmen?", frage ich Gerry im Spaß. Vom zweiten Sattel zieht eine Rinne rund 20 Meter bis auf den Gletscher, da müssen wir runter. Gerry sichert von oben. Ein seitlicher Felsen, an dem ich Halt suche, kracht plötzlich unvermittelt die Schneerutsche herab. Nichts passiert, Gott sei Dank! Unten am steinigen, tückischen Gletscherrand gerate ich mit dem linken Fuß in ein tiefes Loch, eine echte Fußangel. Danach geht es easy durch unberührten Schnee über das völlig flache Gletscherfeld des Wütenkarferners, der nach einigen hundert Metern ins Tal abbricht. Darüber steht der Geigenkamm, als höchste Spitze überragt wie eine Haifischflosse die Hohe Geige das Felsenmeer. Eine unglaubliche, eine einmalige Szenerie.

Über eine Rampe spuren wir hinauf zur Hochstubaihütte, die mitten auf der Wildkarspitze auf 3173 Metern steht. An der Tür begrüßen uns Kerstin Grollmus, die Wirtin – und Kater Oskar. Wir sind heute Mittag die einzigen Gäste. Nach einer heißen Kaspressknödelsuppe am warmen Ofen tauen wir rasch auf. Kerstin stammt aus Reutte und erzählt: „Die Hochstubaihütte fordert den etwas engagierteren Wanderer und ist daher nie überlaufen." Da der Steig über die „Himmelsleiter" bei Schnee etwas gefährlich ist, steigen wir über den Normalweg ab. Die Septembersonne sticht hier auf 3000 Metern Höhe intensiv mit voller Kraft, eine Strahlung, die der reflektierende Schnee noch verstärkt. Rund 600 Höhenmeter geht es durch Schotter abwärts, dann wechselt das Bild. Südlich der Laubkarseen überraschen grüne Matten, von einzelnen Felsen durchsetzt, neugierige Riesenschafe kommen blökend hergelaufen. Der Blick ins südliche Ötztal ist so fantastisch, dass man gleich weiterziehen möchte, obwohl man ja eben erst herunterkommt vom Berg . . . dazu die Berghänge, leicht rostig gefärbt, und verwunschene Einblicke ins Windachtal. Eine Rückkehr ins Tal ist immer auch eine Rückkehr ins pralle Leben. Denn wer Stunden oder Tage in Schnee und Eis verbracht hat, nimmt den Reichtum der Täler anders wahr. Der abrupte Wechsel zwischen dem eisigen Kosmos kühler, karger Nichtfarben und dieser wohlriechend bunten Spätsommerromanze zeigt immer wieder Wirkung: Die Erikafelder blühen im Licht, letzte Heidelbeeren prangen an den Sträuchern, von der Sonne erwärmte Kräuter und Zwergwacholder würzen die Luft, die plötzlich voll, kräftig und satt wirkt. Man nimmt jeden grünen Halm, jede Blüte und jede Heidelbeere doppelt deutlich wahr. Dieser Kontrast beeindruckt immer wieder und schärft die Sinne: Ich spüre jeden einzelnen Atemzug, den elastisch federnden Grasboden, der alle Müdigkeit und Schwere vertreibt.

EINER DER SCHÖNSTEN ALPENTRECKS

Über weite Felder wandere ich ostwärts ins Windachtal hinein, dann eine steile Stufe hinab, wo schon von Weitem die weißen Mauern von Fiegls Gasthaus an der Baumgrenze leuchten. Von hier gehe ich noch ein paar Schritte ins Windachtal – eine Szenerie, die sogar verwöhnte Bergsteiger vom Hocker haut: das breite Bachbett der Windache, das sich wie zum Picknicken gemacht in den Talkessel schlängelt, darüber die Bergkette, ein Bild der Ruhe und des Friedens.

Es ist kein Zufall, dass die Etappen des Ötztal-Treks rund ums Windachtal zu den schönsten Mehrtagestouren der Alpen zählen. Warum? Hochalpin schlängelt sich der Weg hart an der Dreitausend-Meter-Grenze über Grate, Joche, Scharten und Gipfel, spannt sich durch einsame Hochtäler und abgelegene Winkel. Die Ein- und Ausblicke summieren sich dabei zu einem allzeit spannenden Höhen-

Kurz nach der Siegerlandhütte quert der Steig hinein ins Triebenkarle.

Die Via Alpina führt auf ihrem Weg von Monaco nach Triest an der Martin-Busch-Hütte vorbei.

Im Schneetreiben verlässt man die Siegerlandhütte nur ungern.

parcours, der in gut getaktetem Abstand mit gemütlichen Schutzhütten aufwartet. Gleich nach der Hochstubaihütte führt ein neu angelegter Weg durch das Warenkar zur Hildesheimer Hütte auf 2899 Metern, wo üppige Bergblumenwiesen zu Fotostopps und Innehalten verführen. Weiter geht es über die Siegerlandhütte (2710 m) zum Brunnenkogelhaus auf 2738 Metern, der alte Bau wurde erst 2007 durch eine moderne Holzhütte ersetzt. Vier bis fünf Tage Zeit sollte man für den Trek schon mitbringen und ein einigermaßen stabiles Wetterfenster. Notfalls kann man die Tour auch abkürzen und durch das Windachtal absteigen.

EINE EINFACHE FORMEL ZUM GLÜCK

Dass tagelanges Gehen Seelenheil bringt, wussten längst auch schon die Wallfahrer, die vom Ötztal übers Joch ins Schnalstal nach Unser Frau pilgerten. Als letzte Station auf dieser Wanderung hat Vent seine Kirche übrigens St. Jakob, dem Patron der Pilger, geweiht. Auch das Bergdorf Gries im Sulztal hat eine Marien-Wallfahrtskirche mit über 350-jähriger Tradition. Egal ob pilgern oder wandern, die Wirkung ist ähnlich geblieben: raufgehen, um runterzukommen. Das funktioniert immer. Selbst Grundhektiker verlieren angesichts dieser gewaltigen Bergketten ihre überhöhte „Drehzahl". Die Berge haben eine seltsame Fähigkeit: Sie rücken die Dinge wieder zurecht. Sie machen klar, worauf es wirklich ankommt – und wie wenig materielle Dinge wir eigentlich brauchen. Gerade mal so viel, wie wir tragen können. Im Idealfall noch weniger. „Nur wo du zu Fuß warst, bist du wirklich gewesen", hat Johann Wolfgang von Goethe gesagt. Wer selbst einmal vier bis fünf Tage rund ums Windachtal gegangen ist, der kann ermessen, wie weit die Strecken, wie groß die Berge am Wegrand wirklich sind. Erst dann begreifen wir ihre Dimensionen.

Einer der ersten Wanderer, die das Ötztal durchquerten, war der Wiener „Weitwanderer" Joseph Kyselak (1799–1831), der bis zu 70 Kilometer pro Tag marschierte und 1925 von Sterzing nach St. Leonhard in Passeier ging. Von dort wandte er sich Richtung Norden über das Timmelsjoch ins Ötztal, erreichte Längenfeld, stieg hinauf nach Gries und weiter empor zum Sulzbachferner, an dessen Ausläufern damals natürlich noch nicht die Amberger Hütte stand. Schließlich überquerte er einen Pass Richtung Stubaital und wanderte nordwärts hinaus bis nach Innsbruck. Was Kyselak zudem berühmt machte, ist eine kuriose Eigenheit: Er hatte die Angewohnheit, seinen Nachnamen an allen verfügbaren Orten zu hinterlassen. Er malte ihn mit schwarzer Farbe auf Felsenwände und auf Brückenpfeiler, an Burgruinen und Kirchtürme, sogar an die Gebäude der österreichischen Hauptstadt. Kyselak – ein Avantgardist der Graffiti-Kultur und Vorläufer der heutigen „Ich war auch hier"-Manie? Spuren zu hinterlassen, sich ein Denkmal zu setzen, scheint ein Grundbedürfnis der Menschen und erst recht des Wanderers zu sein.

Das Wandern schärft auch den Blick für die kleinen Dinge. Wussten Sie, dass im Ötztal in rund 3000 Metern Höhe noch 100 Pflanzen wachsen, zum Beispiel die gelb-schwarze Landkartenflechte, Wollgras oder Gletscher-Hahnenfuß? Gerade das Wollgras mit seinen wippenden Wattebäuschen an hohen Stängeln verleiht sumpfigen Bergwiesen manchmal etwas Märchenhaftes. Asketisch, was die Nährstoffe des Bodens betrifft, kann es auf Nässe und vor allem Licht nicht verzichten. Kein Wanderer geht achtlos an einer blühenden Wollgraswiese vorbei, wo, wer etwas Fantasie und kleine Kinder hat, von kleinen Bergfeen erzählen kann, deren tanzende Tutus den Wind begleiten. In den abstrakten Mustern der Landkartenflechte können Pioniere neue Kontinente entdecken, während der Gletscher-Hahnenfuß selbst so etwas wie ein Pionier ist: nämlich die am höchsten wachsende Blütenpflanze der Alpen.

Auch seltene Tiere gibt es im Ötztal: den Zirmgratsch, den Bergmolch, Matterhornsbärenspinner und Wolfsspinnen. Gämsen natürlich, Murmeltiere, sogar Bartgeier und Steinadler. Nur 300 Adler-Brutpaare, so schätzt man, gibt es heute noch in Österreich. Im Ötztal brüten Steinadler zum Beispiel im Windachtal, sie erbeuten Murmeltiere und Schneehasen, die sie noch aus drei Kilometer Entfernung sehen können und mit Fluggeschwindigkeiten von bis zu 125 Stundenkilometern erhaschen.

EIN NETZ VON HÜTTEN UND WEGEN

Neben dem Ötztal-Trek durchziehen weitere Weitwanderwege das Tal. Dabei besitzt allein der vollständige Ötztal-Trek stolze 22 Etappen und 15 Varianten mit rund 30.000 Aufstiegshöhenmetern und 400 km Länge – er zieht sich einmal um das gesamte Tal. Genaue Tourenplanung ist da ebenso wichtig wie die richtige Ausrüstung. Zu den alpinen Wandervarianten zählt die Sommer-Variante der Venter Runde, die von Vent auf die Breslauer Hütte, zur Vernagthütte und zum Brandenburger Haus, dann zum Hochjochhospiz und über die Martin-Busch-Hütte nach Vent zurück führt. Auch bekannte Routen wie die Via Alpina, der Adlerweg oder der E5 durchziehen das Tal. Fünf Etappen der Via Alpina (gelbe Wegmarkierung) führen auf ihrem Weg von Monaco nach Triest durch das Ötztal (Similaunhütte – Martin-Busch-Hütte – Vent – Tiefenbachgletscher – Petzner – Gais-

Höher geht es kaum: die Hochstubaihütte vor der wuchtigen Wilden Leck

lach – Zwieselstein). An manchen Stellen treffen die Wandervögel der Adlerfraktion auf die Alpina-Leute, denn der Adlerweg führt auf den Etappen 46 bis 54 durch das Ötzal. Der E5, 1972 eröffnet, verläuft auf einer Distanz von rund 3200 Kilometern vom Nordwesten Frankreichs bis nach Verona, Italien, und ist teils mit der Via Alpina ident. Er quert das Ötztal auf den Etappen von der Braunschweiger Hütte zum Pitztaler Jöchl, passiert den Ort Zwieselstein und führt über das Timmelsjoch nach Moos in Passeier.

Zu den bis heute lohnendsten Mehrtagestouren gehört eine Überschreitung des Alpenhauptkamms. Auf Neudeutsch Alp Cross genannt, fast schon ein „Muss" für den ambitionierten Bergsteiger. Varianten gibt es viele, die oft auf alten Saum- und Wirtschaftswegen beruhen. Eine der schönsten und kreativsten Alpenüberquerungen beginnt gemütlich in Längenfeld im Ötztal. Von hier geht es in sieben Tagen über Gipfel und Pässe über den Hauptkamm ins Schnalstal. Tägliche Aufstiege bis 1400, Abstiege bis 1700 Höhenmeter sind dabei zu bewältigen. Den höchsten und wirklichen „Höhepunkt" bildet die vergletscherte Wildspitze mit ihren 3768 Metern.

Es nebelt, als der Treck hinauf zum Hauersee mit seiner Selbstversorgerhütte steigt. Dann reißt es auf, grün leuchtet der See uns entgegen. Nach einem Sprung in die 14 Grad kalten Fluten gibt es ein heißes Abendessen. Während wir schmausen, beginnt es draußen aus allen Rohren zu schütten. Was bedeutet das wohl für unsere Tour: Dicker Neuschnee auf dem Gletscher zur Wildspitze? Ein Abbruch womöglich? Nach einer Nacht im Matratzenlager heißt es Zähneputzen im Morgengrauen, draußen am Bach. Abmarsch um halb sieben. Der Regen hat nachgelassen. Siebeneinhalb Stunden geht es nun unverzagt über die Pässe, über fünf Übergänge, rauf und runter, über nasses Gestein, rutschenden Schotter, Schrofen. Kaum Sicht. Nichts als eine graue Wand aus Dunst. Die Natur zeigt sich heute als das, was sie ist: unberechenbar. Doch keiner motzt, niemand meckert. Denn trotz oder gerade im Nebel ergeben sich eindrucksvoll-intensive Impressionen am laufenden Band. Und wer sich bewegt, friert auch nicht. „Es lohnt sich immer, auf den Berg zu gehen", so lautete das Lebensmotto des inzwischen verstorbenen Alpinisten Basti Haag. Wir geben ihm recht und peilen die nächste Anhöhe an. An der Luibisscharte schlägt Bergführer Patrick wie in den Anfängen des Alpinismus mit dem Pickel Stufen ins Toteis. Dennoch rutscht jemand, fällt und humpelt. Ein Mitwanderer übernimmt den Rucksack. Die Stimmung bleibt gut. Am Gipfel des Gahwinden in 2649 Metern Höhe schart sich die Truppe für ein Gruppenbild zusammen. 300 Meter darunter liegt die Rüsselsheimer Hütte im Nebel. Steinböcke soll's hier geben. Doch die kriegt die Gruppe erst auf dem Teller zu Gesicht: als Gulasch.

WEGE VERBINDEN. ERST RECHT ÜBER DIE BERGE

Am nächsten Morgen glänzt der Himmel wie reingewaschen. Es sind die starken Kontraste, die dem Hochgebirge Spannung verleihen. Relaxt geht es hinunter ins Pitztal. Jetzt, am dritten Tag, zeigt der Marsch Spuren beim einen oder anderen. Doch der Bergführer ist zufrieden: Das Team kommt schnell voran.

Gedanklich sortiert er die Seilschaften für die Tour auf die Wildspitze. Mittags in Mandarfen erklärt er bei einer Pause sachlich und schlicht, wie man Steigeisen richtig anlegt – und anschließend damit läuft. Dann macht sich der Treck auf den dreistündigen Weg zum Taschachhaus. Nach dem Abendessen verschwindet die Mannschaft früher als sonst in den Federn. Alle haben Respekt. Vor der nächsten Etappe, vor der langen Tour. Vor dem großen Tag. Aufstehen um 3:45 Uhr. Abmarsch um fünf. Es ist stockdunkel. Im knappen Schein der Stirnlampen geht es eine Stunde über felsigen Grund. „Gut, dass es so finster ist, dann sieht man den Abgrund hier links nicht", witzelt einer. Am Gletscherrand binden Patrick und Bergführerkollege Yannick ihre Leute ins Seil. Während Yann ein flottes Gehtempo anschlägt, folgt Patrick mit seiner Seilschaft verhaltener. Er weiß: Dieser Tag ist ja noch lang. Zu dieser frühen Stunde, in einer Welt aus Eis – ein Glücksmoment. Flach geht es hinauf zum Mittelkarferner, dann steil zum Brochkogeljoch. „Der Gletscher ist je nach Saison ganz schön zerrissen", hatte Patrick am Abend zuvor erwähnt. Zur Linken gähnen riesige Abgründe im Eis. Ab und zu braucht es einen vorsichtigen Schritt, ansonsten zeigt sich der Gletscher auf unserer Route zahm. Um halb elf steht das erste Team auf dem Gipfel. Ein erhabener Moment, von dem manche noch Jahre später erzählen werden.

Der südseitige Abstieg beginnt mit einer gesicherten Kletterpassage mit versteckten Tritten. Gleich darauf das nächste Hindernis im Parcours: eine 40 Grad steile Firnflanke. Als einer der Absteigenden ins Rutschen kommt, rammt sein Hintermann sofort den Pickel in den sulzigen Schnee, stoppt den Fall. Gut gemacht! Fast 1700 Höhenmeter geht es nun bergab, vorbei an der Breslauer Hütte und hinunter zu den Rofenhöfen, wo es beinahe zischt, als ein Brunnen die glühenden Füße kühlt. Das Schwierigste ist geschafft! Die Atmosphäre beim Essen entsprechend ausgelassen.

Trotzdem drängt Patrick am nächsten Morgen früh zum Aufbruch. Auf nach Italien! Wir steigen durch das Niedertal auf, queren eine Zunge des Niederjochferners, über die Schmelzwasser talwärts rinnt. Achtung, beinhartes Glatteis! Während einer Trinkpause studieren wir die Wolken. Ob das Wetter noch zwei Tage hält? „Wolken sind ja nicht mit Nägeln an den Himmel getackert, sondern ständig in Bewegung", erklärt einer der Bergführer und analysiert mit besorgtem Blick den Himmel.

Wie auf Kommando zieht es zu. Bevor es dunkel wird, erreichen wir die Similaunhütte. Ein letztes Mal heißt es: frühmorgens raus, im Dunkeln los. Nach einem Abstecher aufs Hauslabjoch und zum Ötzi-Denkmal steigen wir ins Schnalstal ab. Dort wartet im Hotel Edelweiß eine anständige Brotzeit mit Spitzenwein und feinem Speck. Alle fotografieren. Manche schweigen. Jeder konserviert den Augenblick auf seine Weise. Menschen, die eine solche Tour gehen, starten meist als Fremde – und kommen als Freunde heim. 6500 Höhenmeter und 8000 Abstiegsmeter schweißen zusammen.

Alp Cross über den Alpenhauptkamm

1. Tag: Von Längenfeld über Stabelealm und Innerbergalm zum Hauersee. 2. Tag: Über die Luibisscharte zur Rüsselsheimer Hütte. 3. Tag: Ins Pitztal und zum Taschachhaus. 4. Tag: Über die Wildspitze nach Süden zur Breslauer Hütte und weiter zu den Rofenhöfen. 5. Tag. Über die Similaunhütte und das Niederjoch ins Schnalstal

Adlerweg (Etappen 46 bis 54)

Oetz – Dortmunder Hütte – Schweinfurter Hütte – Winnebachseehütte – Amberger Hütte – Sölden – Breslauer Hütte – Hochjochhospiz – Vent – Ramolhaus – Obergurgl

Via Alpina (fünf Etappen, gelbe Wegmarkierung)

Similaunhütte – Martin-Busch-Hütte – Vent – Panoramaweg zum Tiefenbachgletscher und zum Petzner See – Gaislach – Zwieselstein

E5 mit einer Gesamtdistanz von 3200 km

Der E5 reicht vom Nordwesten Frankreichs bis Verona, Italien, und ist mit der Via Alpina teils ident. Der E5 wurde bereits 1972 offiziell eröffnet und ist eines der ältesten Weitwanderprojekte. Die Etappen im Ötztal: Braunschweiger Hütte – Pitztaler Jöchl – Zwieselstein – Timmelsjoch – Moos i. Passeier

Ötztal-Trek

Der Ötztal-Trek erschließt in 22 durchwegs anspruchsvollen Tagesetappen die gesamte Ötztaler Bergwelt. Ausgehend von Ötztal-Bahnhof verläuft er hoch über dem Tal am östlichen Bergkamm von Hütte zu Hütte bis nach Obergurgl, entlang des Geigenkamms kehrt er wieder nach Ötztal-Bahnhof zurück (insgesamt ca. 400 km und 30.000 Hm). Eine sehr empfehlenswerte Tagesetappe führt von Gries im Sulztal zur Amberger Hütte, von dort über den Sulztalferner zum Wütenkarsattel und weiter über den Wütenkarferner bis zur Hochstubaihütte (3174 m). Abstieg über „Himmelsleiter" oder Normalweg ins Windachtal bis Gasthaus Fiegl (1900 m). Per Wanderbus nach Sölden. Aufstieg: ca. 4.30 Std., 1100 Hm, Abstieg 2.30 Std., 1300 Hm

Venter Runde

Auch die Sommer-Route der Venter Runde besitzt zahlreiche Varianten. Generell startet und endet sie in Vent. Von Vent geht es meist erst zur Martin-Busch-Hütte, weiter zur Similaunhütte, zum Hochjochhospiz, Brandenburger Haus, zur Vernagthütte und über die Breslauer Hütte zurück nach Vent. Auf Tour gibt es zahlreiche Gipfelmöglichkeiten am Wegrand, wie zum Beispiel Kreuzspitze und Tisenjoch, Similaun und Fineilspitze, Mittlere Guslarspitze, Vernagtspitze und Wildspitze.

Oben: Gipfelfreuden auf der Wildspitze

Mitte: Blick in die Karte an der Talleit

Unten: Hermann und Vroni Fiegl waren 34 Jahre lang die Wirtsleute der Siegerlandhütte.

DIE GEIERWALLY – ORIGINAL UND MYTHOS

Die berühmte Vogelnest-Szene hat sich längst ins Filmgedächtnis der Menschen gebrannt: Eine senkrecht schroffe Felswand, in einer Nische der Geierhorst, daneben die junge Frau, die seilgesichert am Rand des Nests kauernd einen Jungvogel in den Rucksack packt – der Roman von Wilhelmine von Hillern aus dem Jahr 1873, der das Leben der Anna Stainer-Knittel literarisch umsetzte, entstand nach einem Gemälde, das von Hillern einst in Innsbruck entdeckte. Das Bild, gemalt von Anna Stainer-Knittel (1841–1915) selbst, zeigte die Künstlerin bei einer wahren Begebenheit: Als 17-Jährige räumte sie im Seil hängend einen Adlerhorst in der Madauer Saxerwand aus, um dadurch heimische Schafherden vor Raubvögeln zu schützen. Eigentlich war das Männerarbeit, doch weigerten diese sich, nachdem im Jahr zuvor dabei beinahe ein Unglück passiert war. So kam die junge Anna zu diesem Männerjob. Als von Hillern das Bild entdeckte, begann sie in Elbigenalp im Lechtal zu recherchieren, wo Anna Stainer-Knittel als Porträtmalerin arbeitete und ein einigermaßen selbstbestimmtes Leben führte. Hillern gab ihrer literarischen Figur den Namen Walburga „Wally" Stromminger. Aus heutiger Sicht scheint das Machwerk eine unterhaltsame Mischung aus Emanzipationsstück und Heimatschmonzette, die Figur der Geierwally trägt dabei die Züge einer moderneren Brunhilde oder auch eines frühen „Blaustrumpfs".

„'s is das schönste und stärkste Madel in Tirol . . . aber spröd wie a wilde Katz – die Buab'n lassen sich von ihr heimjagen, daß es a wahre Schand is. Freili kann sie nix dafür: der Vater hat das Madel lasterhaft viel geschlagen und aufzog'n wie'n Buab'n", so der Gamsjäger in von Hillerns Roman. Die Schauplätze des Buches siedelte die Autorin, die das Ötztal von einigen Urlauben kannte, auf den Rofenhöfen im Rofental, am Hochjoch und weiteren Standorten im Ötztal an. Was viele nicht wissen: Anna Stainer-Knittel wird in Tirol aufgrund ihres Könnens als Malerin – sie war übrigens die erste Frau, die die Kunstakademie München besuchte – und ihres eigenwilligen Lebenslaufs noch immer hoch geschätzt. Bekannt ist dagegen, dass die Romanvorlage einen Mythos begründete: Mehrere Verfilmungen sowie Theater- und Operninszenierungen folgten, darunter eine Adaption des österreichischen Autors Felix Mitterer („Die Piefke-Saga") für die Freilichtbühne Elbigenalp.

Der Stoff inspirierte sogar eine lyrische Oper: „La Wally" gilt als größter Erfolg von Alfredo Catalani, der 1892 uraufgeführt wurde und in Sölden und auf umliegenden Berghütten spielt. Die berühmte Arie „Ebben? Ne andrò lontana" interpretierten große Diven wie Maria Callas. Wirklich berühmt wurden die Kinoverfilmungen der „Geierwally", allen voran die Verfilmung aus dem Jahr 1940 mit Heidemarie Hatheyer in der Hauptrolle, hier als Wally Fender tituliert. Auch Bauern mit Namen real existierender Personen wie die Brüder Nicodemus und Leander Klotz (von den Rofenhöfen) spielen hierbei eine Rolle. Die Filmkritik befand den Streifen als „ideologisch heikel, künstlerisch wertvoll". Gedreht wurde im Hafelekar bei Innsbruck, in Sölden, Längenfeld sowie auf den Rofenhöfen, wo Fotografien und Film-Stills des Bilds bis heute im Berggasthof Rofenhof hängen, den Anni Klotz ihrem Sohn Florian übergab. Auch einen Geierwallihof gibt es übrigens unter den Rofenhöfen, die mit gut 2000 Metern Höhe die höchstgelegenen ganzjährig bewirtschafteten Höfe Österreichs sind.

Eine spektakuläre Hängebrücke führt bei den Rofenhöfen über die Rofenache.

Seite 168/169: Wolkenfetzen ziehen über die Felstürme am Polleskogel.

GELEBTE AUGENBLICKE

Ein Nachwort von Bernd Ritschel

Gleichmäßig gleitet das 11 Millimeter dicke Statikseil durch meine Hände. Kurz bevor die Wand mehr als 40 Meter überhängend abbricht, schlage ich eine kleine Felskante ab, damit das Seil nicht an ihr scheuern kann, dann gleite ich hinunter in den tosenden Kessel des Lehner Wasserfalls. Mehrere Kubikmeter Wasser donnern hier im Frühling pro Sekunde in die Tiefe. Wassernebel hüllt mich ein, der Lärm ist ohrenbetäubend. Nur wenige Male in meinem Leben habe ich die Natur so gewaltig, so eindrucksvoll und gleichzeitig beängstigend nah erlebt. Als ich unten ankomme, suchen meine Füße auf dem glitschigen Fels Halt. Im hintersten Winkel des riesigen Überhangs finde ich eine Nische, die einigermaßen trocken ist, und gebe via Funkgerät das Seil frei. Wenig später gleiten Andi und Roland, zwei langjährige und ebenfalls sehr erfahrene Bergfreunde, am Seil herab. Alle meine Sinne sind fokussiert auf diesen Moment, ich fotografiere wie besessen, darf jetzt keinen Fehler machen. Aber bereits nach wenigen Sekunden ist das Objektiv ebenso patschnass wie wir. Also nichts wie weg von hier.

Bald darauf schiebe ich gleichmäßig meine Steigklemmen am Seil nach oben. Der 12 Kilogramm schwere Fotorucksack zieht mich erbarmungslos nach hinten. Ich atme schwer und beginne trotz der durchnässten Bekleidung zu schwitzen. Unter meinen Füßen geht es 40 Meter in die Tiefe. Endlich kommt die Kante in Sicht und ich weiß, dass es oberhalb flacher und damit weniger anstrengend wird. Dann stockt mir der Atem. Ich traue meinen Augen nicht. Binnen einer Sekunde wird aus wohliger Zuversicht eiskalte Todesangst. Drei Meter über mir ist das Seil fast durchgescheuert. Mein Leben hängt an den letzten dünnen Litzen des neuen und normalerweise sehr robusten Statikseils. Durch mein Höhersteigen mit den Steigklemmen und dem damit verbundenen Hub hat das Seil an ein paar scharfen Quarzkristallen gescheuert, immer und immer wieder. Binnen Sekunden muss ich jetzt lebenswichtige Entscheidungen treffen. Abseilen erscheint mir noch gefährlicher als weiterzusteigen. Ich trete die Flucht nach oben an. Ganz langsam und ohne zu schwingen steige ich höher. Die folgenden drei Meter werden die längsten meines Lebens.

Auch jetzt noch – zehn Jahre später –, wo ich diese Zeilen schreibe, läuft es mir eiskalt über den Rücken. Jenen Moment, als ich die erste Steigklemme über die fast durchgescheuerte Stelle schob, endlich, endlich gerettet war, werde ich wohl nie vergessen.

Seit 25 Jahren fotografiere ich nun in den Ötztaler Alpen. Ich habe dramatische Momente wie diesen erlebt, Lawinen, Steinschlag, leider auch Unfälle. Gelegentlich stelle ich mir die Frage, warum ich das alles überlebt habe. War es Glück? Zufall? Oder verdanke ich es meiner Intuition und ganzen Divisionen wohlwollender Schutzengel? Ich weiß es nicht. Letztendlich ist es auch egal. Ich lebe mein Bergsteigen und die Fotografie auf einer Woge der Leidenschaft. Genährt wird dieses Feuer durch viele fantastisch schöne Tage am Berg.

Wie zum Beispiel jenen an der Wilden Leck. Gemeinsam mit Christian und Andi waren wir schon bei Dunkelheit von der Amberger Hütte aufgebrochen. Im weichen Licht der Dämmerung kletterten wir über loses Geröll in den Kessel des kleinen Wilde-Leck-Ferners. Die ersten Sonnenstrahlen erreichten uns am Beginn des Ostgrates. Wir kletterten los, zu Beginn noch gleichzeitig und ohne Seil. Erst am sogenannten Gendarm, einer spektakulären Felsnadel, begannen wir zu sichern. Was dann folgte, war Kletterfreude pur: Unsere Bewegungen, unser Atem, unser Bewusstsein und unser Handeln verschmolzen zu einem einzigartigen „Flow". Ich fotografierte nur so viel wie absolut nötig. Am Gipfel umarmten wir uns. Unser traditionelles „Berg Heil" kam von ganz tief drinnen. Lange saßen wir anschließend auf den warmen Granitblöcken und blickten in die Ferne. Wortlos, zwecklos, aber herrlich. Unsere Sinne waren genährt.

Allein in den Ötztaler Alpen habe ich über hundert Gipfel bestiegen, einige davon, wie die Wildspitze, mehr als zehn Mal. Wenn ich alle Stunden und Tage zusammenzähle, habe ich hier, in der Ötztaler Bergwelt, mehr als zwei Jahre meines Lebens verbracht. Die Tage am Berg geben mir Kraft, keinen einzigen möchte ich missen. Besonders

Die Gipfelflanke des Annakogels erlebten wir bei besten Verhältnissen und traumhaftem Licht.

Sonnenaufgangstouren gehören ganz intensiv zu meinem Leben. Eine der schönsten erlebte ich vor einigen Jahren auf dem Wildgrat. Um vier Uhr früh schlich ich im Licht der Stirnlampe aus der Erlanger Hütte, hinaus in die kalte Dunkelheit. Über Nacht hatten sich die letzten Wolken aufgelöst. Die glitzernden Sterne ließen mich auf gute Bilder hoffen. Reif legte sich über all die Platten und Blöcke hinauf zum Wildgrat. Erst kurz unterhalb des Gipfels schaltete ich die Stirnlampe aus. Natürlich war ich wieder einmal viel zu früh dran. Oben angekommen blickte ich in die Runde: Ja es würde ein guter Tag werden, vielleicht sogar ein sehr guter. Über dem Pitztal lag eine geschlossene Nebeldecke. Die Rofelewand und die Wildspitze dominierten mit ihrer markanten Form das Meer der Dreitausender. Ich setzte mich auf den Rucksack und wartete geduldig auf den Sonnenaufgang. Ich hatte keine Eile mehr. Das leichte Carbonstativ stand aufgebaut vor mir, die wesentlichen Einstellungen an der Kamera waren getan. Mit den ersten Strahlen der Sonne begann ich zu fotografieren. Ohne Druck und Stress. Die Bilder formten sich wie von selbst. An diesem Morgen auf dem Wildgrat erlebte ich einen fotografischen „Flow". In solchen magischen Momenten sind Bergsteigen und Fotografie für mich mehr als Sport und Profession; sie sind meine Form, ganz intensiv im Augenblick zu leben.

Beim Blick über all die Gipfel bis zur Wildspitze fehlten mir die Worte. Ich war glücklich allein zu sein, dankbar, die Einsamkeit und diese Stille als Bereicherung erleben zu dürfen.

„Die größten Ereignisse
sind nicht unsere lautesten,
sondern unsere stillsten Stunden."

FRIEDRICH WILHELM NIETZSCHE

EIN HERZLICHES DANKESCHÖN

Viele, viele Touren und noch viel mehr wunderbare Stunden erlebte ich mit Andi Pöll aus Längenfeld in den Ötztaler Alpen. Lieber Andi: dafür danke ich Dir von ganzem Herzen. Mein Dank gilt aber auch allen anderen Freunden, die mich hier oben begleitet haben: Christian Speer, Nadine Wallner, Niki Schatz, Max Schrödinger, Andi Wörle, Marina Happach und Tobi Heiss.

Zu guter Letzt möchte ich meiner Frau Manuela und meiner Tochter Clarissa danken für ihre Geduld, für ihr Vertrauen, ihre Hilfe und ihre Liebe. Ohne sie wäre alles nichts.

DIE AUTORIN:

Franziska Horn, geb. 1966 in München, schreibt als freie Autorin für namhafte deutschsprachige Magazine, Tageszeitungen und Buchverlage. Ihre Themen sind Kultur und Architektur, Reisen, Menschen, Berge und Outdoorsport. Wie die ersten Bewohner des Tals hat auch sie das Ötztal von seiner Südseite her „entdeckt": Aus frühen Urlauben im Schnalstal mit gewanderten Stippvisiten über den Hauptkamm wurden schließlich Ski- und Hochtouren im ganzen Ötztal, in Sommer und Winter und auch „zwischen den Jahren".

DER FOTOGRAF:

Bernd Ritschel, geb. 1963, lebt im bayerischen Kochel am See. Der international renommierte Fotograf zählt zu den erfolgreichsten deutschsprachigen Bergbuchautoren, das Ötztal ist seit Jahrzehnten eines der bevorzugten Touren- und Fotomotivreviere des begeisterten Bergsteigers und Skitourengehers. Er veröffentlichte mehr als dreißig Bildbände, verschiedene Lehrbücher und Kalender, er hält Vorträge und Foto-Workshops. Bei Tyrolia erschienen bereits die Bildbände „Tirol" (2010) und „Austria Alpin" (2. Auflage 2014). Mehr unter www.lightwalk.de

BIBLIOGRAFISCHE INFORMATION DER DEUTSCHEN NATIONALBIBLIOTHEK

Die Deutsche Nationalbibliothek verzeichnet diese Publikation in der Deutschen Nationalbibliografie; detaillierte bibliografische Daten sind im Internet über http://dnb.d-nb.de abrufbar.

Alle Angaben in diesem Buch wurden sorgfältig recherchiert und erfolgen nach bestem Wissen und Gewissen der Autorin. Sollten Sie trotzdem Unstimmigkeiten entdecken, nehmen Autorin und Verlag gern Verbesserungsvorschläge und Korrekturhinweise entgegen. Die Benutzung dieses Buches geschieht auf eigenes Risiko. Eine Haftung für etwaige Unfälle und Schäden wird aus keinem Rechtsgrund übernommen.

2015

Umschlaggestaltung: Verlagsanstalt Tyrolia, Innsbruck
Zeichnungen, Layout und digitale Gestaltung: Angelika Zak, Scharnitz
Umschlagmotive: Blick vom Grieskogel auf die Wildspitze (großes Bild Umschlag-Vorderseite); Eistunnel im Hochjochferner (links unten); am Mainzer Höhenweg, im Hintergrund die Watzespitze (unten Mitte); Steinbock an der Hohen Geige (unten rechts)
Umschlag-Rückseite: Der Fundusbach bei der Hinteren Fundusalm
Abbildung Seite 1: Hauslabjoch mit Fineilspitze bei Sonnenuntergang

Übersichtskarte: GeoGraphic Production GmbH, München (D)
Lithografie: Artilitho, Trento (I)
Druck und Bindung: Theiss, St. Stefan im Lavanttal
ISBN 978-3-7022-3443-0
E-Mail: buchverlag@tyrolia.at
Internet: www.tyrolia-verlag.at